거꾸로 부자되기

거꾸로 부자되기

초판 1쇄 발행 2015년 10월 27일
초판 2쇄 발행 2016년 6월 10일

글쓴이 송영훈
펴낸이 장길수
펴낸곳 지식과감성#
출판등록 제2012-000081호

디자인 유희, 최용하
편집 유희, 최용하
교정 이인영
마케팅 안신광

주소 서울시 금천구 가산동 60-5 갑을그레이트밸리 B동 507호
전화 070-4651-3730~4
팩스 070-4325-7006
이메일 ksbookup@naver.com
홈페이지 www.knsbookup.com

ISBN 979-11-5528-511-4(03100)
값 14,000원

ⓒ 송영훈 2016 Printed in Korea

잘못된 책은 구입하신 곳에서 바꾸어 드립니다.
이 책의 전부 또는 일부 내용을 재사용하려면 사전에 저작권자와 펴낸곳의 동의를 받아야 합니다.

이 도서의 국립중앙도서관 출판예정도서목록(CIP)은 서지정보유통지원시스템
홈페이지(http://seoji.nl.go.kr)와 국가자료공동목록시스템(http://www.nl.go.kr/kolisnet)에서
이용하실 수 있습니다. (CIP제어번호 : CIP2015028701)

홈페이지 바로가기

부자가 되려 하지 말고 이미 부자라는 것을 알고 부자로 사는 것

"진정한 부자, 행복한 부자"

필자 **송영훈**

거꾸로 부자되기

지식감성

목차

머리말   6

Ⅰ. 사정이 급한 분을 위하여

Ⅱ. 부자되려 하지 말자

    1. 왜 부자가 되려 하는가   18
    2. 부자는 부자 되려 하지 않는다   31
    3. 부와 부자는 수단이지 목표가 될 수 없다   36
    4. 우리는 이미 부자다   41
    5. 잡으면 삐꾸러진다   63
    6. 부자로 사는 것이 '그 무엇'의 뜻이다   86

Ⅲ. 부자로 살기

    1. 부자로 사는 것이 곧 부자 되는 길이다   96
    2. 부자 되려는 삶과 부자로서의 삶, 그 근본적 차이   98
    3. 부자는 자기에게 주어진 부로 인해 기쁘고 행복하다   99
    4. 부자는 자기에게 주어진 부에 감사한다   103
    5. 부자는 자기가 가진 것을 베푼다   122
    6. 부자는 주어진 부를 효과적으로 사용한다   135
    7. 부자는 '그 무엇'과 소통하고 그 인도하심에 따른다   159

Ⅳ. 모든 것이 합하여 선을 이룬다

1. '그 무엇'의 뜻대로 사는 사람   164
2. 필요한 부(富)가 알아서 채워진다   166
3. 스스로에 대한 인식이 달라진다   169
4. 부와 부자에 대한 인식이 달라진다   171
5. 부자에 대한 정의가 바뀐다   176
6. 부의 원천을 제대로 알게된다   185
7. 이 세상 전체가 하나라는 인식이 깃든다   190
8. 이 세상에 쓸데없는 것은 없다는 걸 알게 된다   193
9. 부자로 떠오르기   202
10. 실제 예(Example)   206

Ⅴ. 더불어 잘 사는 행복한 부자

1. 우리는 모두가 원래 부자다   220
2. 친절, 배려, 축복   225
3. 벌면서 봉사, 쓰면서 봉사   228
4. '더불어 잘 사는 행복한 부자'와 '그 무엇'   229
5. 마치며   230

필자 후기   235

부록

나의 자산 리스트   237

머리말

[사람들이 부자 되는 방법을 잘못 알고 있기 때문이다]

부자가 되겠다는 사람, 부자가 되고 싶다는 사람은 많다.
그러나 실제로 부자가 되는 사람은 별로 없다.
왜 그럴까?
사람들이 부자 되는 방법을 잘못 알고 있기 때문이다.
부자되는 방법을 잘못 알고 있다. 거꾸로 된 방법을 쓰고 있다.
이 책은 부자 되는 올바른 방법을 제시한다.
그 방법은 사람들이 보통 알고 있는 방법과 정 반대다.
그래서 올바른 방법이지만, 할 수 없이 거꾸로 부자 되는 방법이 되었다.
이름이 거꾸로 된 방법일 뿐 사실은 올바로 부자 되는 방법이다.
일반적으로 부자가 되겠다는 사람은, 어떤 방법을 쓰던, 자기가 부자가 아니라는 생각을 갖고 있다.
부자가 되는 길을 안내한다는 책이나 사람도 모두 부자가 아니라는 생각을 바탕에 깔고 시작한다.
부자가 아니므로 부자가 되려 하는 것이다.

그런데 이러한 가정, 부자가 아니라는 출발점에서부터 문제가 있다.

부자가 아니라는 사실을 바탕으로 부자가 되는 것은 참으로 어려운 일이다.

거의 불가능에 가깝다.

부자가 아니라는 생각이 사람들의 발목을 잡는 것이다.

생각이 현실이 된다고 한다.

부자가 아니라는 생각이 부자가 아닌 현실에 사람들을 고정시킨다.

부자가 아니라는 생각으로 인해 부자가 되는 일이 어렵게 보인다.

비상한 각오로 각고의 노력을 기울여야만 부자가 된다고 여기게 만든다.

이책은 우리 모두가 부자라는 사실에서 출발한다.

그런 의미에서 이책은 부자가 되기 위한 책이 아니다.

우리 모두가 이미 부자임을 밝히는 책이다.

이책에서 제일 먼저 전하는 말은 "부자가 되려고 하지 말자"는 것이다.

그 이유는 기본적으로 우리가 모두 이미 부자이기 때문이다.

그렇다. 모든 사람이 있는 그대로 이미 부자다.

오직 우리 모두가 스스로 부자인 것을 모를 뿐이다.

부자는 부자가 되려 할 필요가 없다.

그러니까 우리 모두도 부자가 되려고 할 필요가 없다.

부자가 되려한다는 것은 스스로 부자인 것을 알지도 인정하지도 믿지도 못한다는 것을 의미한다.

아마도 무슨 헛소리냐고 책을 덮으려 할지도 모르겠다.

그러나 잠시 이 책이 전하는 말에 귀 기울여 주기 바란다.

아무도 그냥 헛소리에 지나지 않는 말을 하려고 책을 쓰지는 않을 것이다.

사실 부자가 되겠다는 목표 자체에 문제가 있다.

부자가 되겠다는 목표를 가지는 순간 부자가 되는 것이 가장 중요한 일이 된다.

그러나 부자 되는 것보다 더 중요한 것이 있다.

그것은 부자로서 무엇을 할 것인가이다.

부자는 최종 목표가 될 수 없다.

부자가 되는 것은 중간 목표에 지나지 않는다.

부자가 되어서 할 일, 그것이 최종 목표다.

부자가 되어서 할 일이란 가진 부를 잘 쓰고 나누고 베푸는 것이다.

이미 부자니까 우리는 가진 부를 잘 쓰고 베풀고 나누면 된다.

그런데 재미있는 것은 부자로서 할 일을 하는 것이 곧, 부를 유지하고 불러들이는 일이 된다는 것이다. 여기서 부자 되는 일과 부자로서 할 일을 하는 것이 하나가 된다.

지금까지 우리는 부자가 되기 위하여 할 일과 부자가 되고 나서 할 일이 다르다고 생각했다. 이 책에서는 그 둘이 하나라고 말한다.

돈을 버는 것도 최종 목표가 될 수 없다.
돈을 벌기만 해서는 아무 의미가 없다.
돈은 쓸 때에만 그 효용 가치를 발휘하기 때문이다.
써야 돈이다. 쓰기 위해 버는 것이다. 잘 쓰기 위해 버는 것이다.
그런데 어쩌다 보니, 사람들의 마음 속에 오직 부자가 되는 것과,
그렇게 되기 위해 돈을 버는 것만이 자리 잡았다.
이 책으로 부자가 되겠다는 목표의 오류를 밝히고자 한다.
그리고 우리 모두가 왜, 이미 부자인지도 밝힐 것이다.
그리고 부자가 되려는 노력이 오히려 부자가 되는 것을 방해하고 있음을 이야기할 것이다.
당신이 이미 부자인 것을 알게 되면, 당신은 바로 그 자리에서 있는 그대로 부자로 변신한다. 부자로 변신하고 나면, 이미 부자로서 가진 부를 어떻게 쓸 것인지를 고민하게 된다.
이렇게 해서 진정한 부자가 탄생한다. 이것이 진정한 부자가 되는 법이다.
이 책에서 제시하는 방법은, 이미 있는 그대로 부자임을 알고 인정함으로써 부자가 되는 것이므로, 부자가 아닌 상태에서 부자가 되려고 하는 기존의 방법과는 완전히 다르다.

당신이 부자가 되려고 애쓰는 한 당신은 영원히 부자가 될 수 없다.
부자가 되려고 애쓴다는 자체가 아직 부자가 아니라는 것을 의미하기 때

문이다. 상대방에게 "부자되세요"라고 하는 말은 상대방에게 "미안한 말이지만, 당신은 아직 부자가 아니에요." 라고 하는 말과 같다.

부자가 되려고 하는 것이, 부자가 아닌 것을 의미한다면, 이미 부자인 것을 인정하는 것 이외에 달리 부자가 될 방법이 없다는 결론에 도달한다.
부자가 되는 유일한 방법은 내가 이미 부자라는 것을 알고 인정하는 것이다.

이 책을 통해 독자 여러분은 알게 될 것이다.
왜 이 세상에 부자가 드문지.
부자가 되겠다는 사람들로 이 세상이 가득하지만,
자기가 이미 부자라는 것은 인정하는 사람은 극소수에 불과하다.

어느 정도 산다고 인정되는 사람도 더 큰 부자가 되겠다고, 부자가 되기 위한 노력을 멈추지 않는다. 어느 정도 살아도 부자가 아니라고 생각한다는 말이다.
심지어 누가 봐도 확실한 부자도, 아직 부자가 아니라고 생각하는 것 같다.
계속 더 큰 부를 추구하고, 계속 부자가 되겠다고, 더 많은 이익을 쫓아 간다.
많은 사람들이 부자가 되겠다고 아우성이고, 서로 부자 되라고 빌어 주는 세상이건만, 부자는 거의 없다시피 하다. 진정한 부자는 더욱 없다.

부자가 더 지독하다는 말이 있다.

부자가 더 인색하게 굴고 돈을 써야 할 때도 안 쓴다는 말일 것이다.

가난한 사람보다 더 인색하게 구는 부자를 진정 부자라고 할 수 있을까?

한편으론 이런 사람을 비난하면서도, 한편으론 경외하는 사람도 있을 것이다.

우선 이미 부자이기에, 부자가 되겠다는 생각부터 버려야 한다는 것을 알고, 이제부터 왜 모든 사람이 이미 부자인지, 지금 당장 부자로서 어떻게 살아야 할지 알아 보기로 하자.

이 방법이야말로 모든 사람이 가장 쉽고 빠르게, 확실하게 부자로 사는 유일한 방법이다.

I
...
사정이 급한 분을 위하여
[밑바닥까지 가 보면 다시 되돌아올 수 있습니다]

이 책의 기본 취지는 부자가 되는 근본 원리를 밝히는 데 있다.
그러나 많은 분들이 절박한 현실에 처해 있고, 따라서 한가하게 근본 원리를 이야기하고 있을 때가 아닌 경우도 있을 것이다.
그분들에겐 당장의 해결책이 필요한 것이다.
그래서 우선 그분들을 위한 응급책을 제시하려 한다.

그 해결책은 의외로 아주 간단하다 :

   자기 힘으로 문제를 해결하려 하지 말고,
   모든 자기 노력이나 행위를 멈추고,

모든 궁리, 생각, 나름대로의 해결책을 내려 놓고, 이 세상에 우리를 내보낸 '그 무엇'에게 의지하는 것이다.
모든 것을 '그 무엇'에게 다 맡기는 것이다.
두 손발 다 들고 완전 항복하는 것이다.

종교적으로 들릴지 모르지만 사실은 대단히 합리적 주장이다.
왜 합리적이고, 왜 효과적인지 간단히 설명할 필요가 있다고 생각한다.
아무리 좋은 이야기도 듣는 사람이 믿고 실천하지 않는다면 아니함만 못하다.
믿고 실천해 보시라는 염원을 담아 설명을 시작한다.

우리가 태어나기 전으로 거슬러 올라가 보자.
그때엔, 우리는 이 세상에 존재하지도 않았다. 우리의 의지도 없었다.
그러니까 우리가 우리의 의지로 이 세상에 태어난 것이 아니었다는 것을 알 수 있다.
우리의 뜻이 끼어들 여지가 없었다.
태어나 보니 우리가 이 세상에 있었던 것이다.
무언가가 우리를 이 세상에 내보낸 것이다.
무언가를 우리는 보통 조물주, 창조주, 신, 하느님, 모든 것의 모든 것, 절대자 등등 여러 이름으로 부른다.
이 책에서는 '그 무엇'이라고 부르기로 한다.
무언가가 이 세상을 펼쳐 놓고, 우리를 이 세상에 태어나게 한 것이다.
그 무언가는 광대무변한 우주를 펼쳐 놓을 정도로 대단하고 엄청나다.

그야말로 막강한 힘의 존재다.

그런 존재라면 우리가 이 세상에서 필요한 모든 것을 갖춰 놓고 우리를 이 세상에 태어나게 했음이 틀림없다.

보통의 우리 어머님들도 아기가 태어나기 전에 미리 아기에게 필요한 것은 준비하지 않던가?

자기 먹을 것을 갖고 태어난다는 우리 옛말도 있지 않은가?

어떤 시련이든 '그 무엇'의 막강한 힘이 작용하기만 하면 다 해결된다.

아무리 어려운 시련이나 고난이라도 우리가 이겨 낼 수 있을 정도로만 주어진다.

우리가 이겨 낼 수 없는 시련이란 없다.

정 이겨 낼 수 없다고 느낄 때에도 비상 출구가 있다.

완전히 포기하고 내려 놓고 맡겨 버리는 비상 출구가 있다.

우리가 우리 힘으로 이루려 하는 동안에는 우리를 태어나게 만든 그 막강한 힘이 작용할 수가 없었다.

마치 구름이 막강한 태양빛을 가리듯이, 우리 의지가 막강한 힘을 가려 버리는 것이다.

비우면 채워진다.

우리 의지를 비우면 '그 무엇'의 의지가 드러난다.

구름이 사라지면 다시 태양이 나타나듯이.

내려놓고 맡기면, '그 무엇'의 힘이 움직인다.

구름을 뚫고 나타난 태양이 다시 그 빛을 비추듯이.

그 힘은 이 우주를 펼쳐 낸 막강한 힘이다.

그 힘이 다시 작용한다.

그 힘은 우리를 태어나게 만든 힘이며, 이 우주 전체를 펼쳐 낸 힘이다.
해결하지 못할 일이 없다.

T. Harv Eker가 백만장자 마음의 비밀에서 말했듯이
구덩이보다 작은 존재는 그 구덩이에 빠진다.
그러나 구덩이보다 큰 존재는 그 구덩이에 빠질 수가 없다.

'그 무엇'은 어떤 구덩이보다 큰 무한한 존재다.
그 존재가 우리를 이 세상에 태어나게 했고, 우리를 지원하고 있다.
우리를 책임져 주고 있다. 그러니까 사실 걱정할 것은 처음부터 없었다.
그 존재에 두 손발 다 들고 완전히 항복하는 것이 중요하다.
갈 데까지 가 보자는 심정으로 다 맡기는 것이다.
심청전에서 심청이 인당수에 뛰어들듯이, 한마음 선원의 대행 스님이 말씀한 것같이 몰락 놓아 버리는 것이다.
죽으면 살고 살려면 죽는다.
밑바닥에 닿으면 밑바닥을 치고 올라간다.
죽을 용기라면 그 용기로 무엇인들 못하겠는가?
다시 힘이 솟는다.
이 세상에 불행한 일만 계속 일어나는 법은 없다.
나쁜 일이 있으면 그 다음엔 좋은 일이 일어난다.
생각지도 못했던 곳에서 구원이 손길이 올 수도 있다.
우리 내면의 속삭임이 우리를 인도한다.
내면의 속삭임이 바로 우리를 이곳에 보낸 '그 무엇'의 목소리다.

무언가 내면에서 소리 없는 소리로 우리를 안내할 수도 있고,
책이나 다른 사람으로부터 조언을 들을 수도 있다.
'그 무엇'은 그 뜻을 듣고 실행하고자 하는 사람의 편이다.
막강한 힘이 우리를 돕게 된다.
신기하게 일이 풀리기 시작한다.
우연인 듯 일어나는 사건들이 착착 맞아 떨어진다.
무언가의 막강한 힘은 우리의 상상을 초월하여 작용한다.
심청이가 다시 살아나는 것이 바로 이것이다.
바울이 갈라디아서 2:20에서
"그런즉 이제는 내가 사는 것이 아니요 오직 내 안에 그리스도께서 사시는 것이라"
라고 이야기한 경지가 열린다.
누구나 한 번은 마음으로 죽었다 살아나야 한다.
부활해야 한다.
그 후에 진정한 삶이 열린다.
우리 몸에도 '세컨드 윈드'라는 것이 있다.
마라톤을 할 때, 이제는 더 이상 도저히 뛸 수 없다는 상황에 이르렀더라도 걷다시피 해서라도 계속 뛰다 보면 다시 힘이 나는 것을 체험한다.

우리가 당면한 문제는 바로 이런 축복을 경험하기 위한 아주 좋은 기회다. 문제가 풀리고 나면, 문제가 축복임을 알고 그저 모든 것에 감사할 뿐임을 알게 된다.

사토 할머니의 아주 특별한 주먹밥 이야기(오하라다야스히사 지음 구혜영 옮김, 예지 출판)라는 책이 있다. 그 책의 주인공인 사토 할머니는 마음이 담긴 주먹밥을 대접하는데, 이 주먹밥을 먹고 많은 사람이 삶의 의욕과 용기를 되찾았다고 한다. 자살하려던 사람이 마음을 돌린 사례도 있다고 한다. 그 책에 나오는 사토 할머니의 말로 이 장을 마친다.

"밑바닥까지 가 보면 다시 되돌아올 수 있습니다"
- 43쪽

"너무나도 괴로워서 더 이상 괴로울 수 없는 데까지 가 보면 다음은 스스로도 어쩔 수 없게 되어 신에게 모든 일을 내맡기고 싶은 심정이 됩니다. 그러면 그곳을 헤쳐 나올 수 있는 길이 반드시 보이게 됩니다."
- 90~91쪽

II
...
부자 되려 하지 말자
[지금까지 말한 것 이외에도 부자가 되겠다는 목표를 버려야 할 이유가 더 있다]

1. 왜 부자가 되려 하는가

우리 대부분은 부자가 되려 한다.
다른 사람들에게도 부자가 되라는 인사를 건넨다.
우리는 왜 부자가 되려고 하는 걸까?
그 이유는 간단하다.

산업사회라는 체계가 굴러가기 위한 기초가 여기에 있기 때문이다.
산업사회가 굴러가려면 우리 모두가 부자가 되려 해야 한다.
그래야 부자가 되기 위해 돈을 벌려 하고, 돈을 벌기 위해 궂은일도 마다

하지 않는 사람들이 있게 된다.
사회 곳곳에 부자가 되라는 암시가 숨어 있다 :

　　있는 사람과 없는 사람에 대한 차별 대우,
　　돈이 없음으로 해서 받는 모욕, 굴욕감,
　　재산의 정도로 사람의 능력을 평가하는 관행 등.

이런 것들은 어떻게든 부자가 되어야 한다고 우리에게 강요한다.
백화점, 상가에 진열되어 우리를 유혹하는 상품들은 은연중에 돈만 있으면 갖고 싶은 것을 가질 수 있고, 먹고 싶은 것을 먹을 수 있고, 하고 싶은 것을 할 수 있고, 되고 싶은 것으로 될 수 있다고 믿게 만든다.

우리는 돈이 없으면 단 하루도 살 수 없는 현실과 항상 마주치며 살아간다.
미래를 위해 노후 대책, 실업 대책도 세워야 한다.
부자가 되어야 돈의 결핍이라는 굴레에서 벗어나고 미래도 보장된다.
경제적 자유라는 그럴듯한 이유가 우리를 부자가 되려는 길로 내몬다.

경제적 자립, 자녀 양육, 내 집 마련, 자동차 등 우리 삶에 필요한 것을 갖추려면 돈을 벌고 부자가 돼야 가능하다.

좋은 교육을 받고, 그것을 바탕으로 좋은 직장 내지는 직업을 가져야 한다는 것이 사회 통념이 되어 버린 듯하다.
좋은 직장이나 직업은 자기 적성, 재능과 상관없다.

오로지 수입이 많고 오랫동안 수입을 얻을 수 있으며, 퇴직금 및 연금을 많이 받을 수만 있으면 좋은 직장이다.

우리는 우리의 귀와 눈을 자극하며 쉴 새 없이 쏟아지는 광고와 홍보, 마케팅 정보 속에서 살고 있다.

광고와 홍보의 홍수는 우리로 하여금 행복한 삶을 살려면, 해당 특정 상품이나 서비스를 구매하고 이용해야 한다고 믿게 만든다.

돈이 있고 부자가 되어야 그것이 가능하다.

이 세상을 잘 사는 유일한 방법이 부자가 되는 것뿐이라고 생각하고 믿을 수밖에 없게 되어 있다.

이런 상황에서 부자 되겠다고 결심하지 않으면 오히려 이상한 일이다.

그런데 이 체계가 유지되려면 사람들이 모두 부자가 되어서는 안 된다.

이 체계는 우리 모두가 부자 되는 것을 바라지 않는다.

모든 사람이 부자가 되는 순간, 이 체계는 정지되고 더 굴러갈 수 없게 된다.

어느 마을 주민이 모두 갑자기 부자가 되면, 그 마을은 어떻게 될까?

그 마을은 죽은 마을이 된다.

마을 주민 어느 누구도 일하려 하지 않고, 골프장으로 해변으로 놀러갈 것이다.

음식점도 세탁소도 문을 닫을 것이다. 더 이상 일할 필요가 없어진 것이다.

쓰레기가 굴러 다녀도 치우는 사람이 없을 것이다.

쓰레기를 치울 사람도 부자가 되었으니 휴가를 즐겨야 한다.

문을 연 곳이 없으니, 마을에 남아 있고 싶어도 있을 수가 없다.

결국 다 떠날 수밖에 없다. 죽은 마을이 된다.

그러니 아무리 열심히 일하고 노력해도 그저 조금만 나아지는 듯하고, 다람쥐 쳇바퀴 돌듯 그냥 그 자리에 머물도록 사회구조가 형성되어 있다.
승진이 되거나 사회적 지위가 올라가, 보수가 늘어나도 그에 따라 생활 수준이 높아지고 소비가 늘어나게 되어 있다.
빚에 시달리지 않으면 다행이다.
광고의 홍수, 교묘한 마케팅 상술이 우리를 유혹하고, 돈 쓸 일은 점점 더 많아진다.
부자 되면 참 좋겠는데, 부자가 되지는 못하고……
이것이 우리가 처한 현실이다.

그런데도 우리는 열심히 노력하면 부자가 될 수 있다는 믿음을 버리지 못한다.
열심히 일해야 부자가 된다는 의식이 고정관념처럼 박혀 있다.
어렸을 때부터 그렇게 교육을 받았다.
"쉽게 번 돈은 쉽게 나간다.
땀 흘려 번 돈만이 가치가 있다.
공짜를 바라지 말라"
이런 이야기를 들으면서 자랐다.
그런데 우리 인생부터가 공짜로 주어지지 않았던가?
어떤 사람도 이 지구를 만들지 않았다.
우리 모두가 태어나기도 전에 이미 지구는 존재하고 있었다.
사정이 이런데도, 산업사회는 이 세상에 공짜 점심은 없다고 한다.
우리에게 행복하려면, 열심히 일하고 노력해서 경쟁에서 이기고, 부자가 되라고 유혹하고 있다.

부자가 되어야 행복하다고 믿게 된 사람은 모두 그 유혹에 걸려든 것이다.

사막에만 신기루가 있는 것이 아니다.

우리 사는 이곳에도 신기루가 있다

돈만 있으면 필요한 것을 다 살 수 있다는 믿음, 부자만 되면 행복하고 더 이상 바랄 것이 없을 거라는 생각이 신기루다.

사막에 가기만 하면 그것이 신기루임을 바로 알게 될 것이다

돈을 아무리 많이 준다고 해도 당장 자기 마실 물도 부족한 마당에, 물을 팔려는 사람이 없을 것이다.

돈이 아무리 많아도, 물 한 모금을 살 수 없게 된다.

열심히 일해야 부자가 된다는 강요된 믿음으로, 우리는 열심히 일하고, 경쟁에서 이기고, 하기 싫은 일도 억지로 하는 길로 내몰리고 있다.

그 결과 우리의 삶은 결승점에 먼저 도착하여, 경쟁자를 이겨야 하는 경주가 되었다.

사는 것이 마치 전쟁이라도 치르는 것같이 돼 버렸다.

마치 그것이 행복한 삶을 위해, 부자가 되기 위해, 인내하고 무조건 해야 하는 일이라고 받아들이게 됐다.

이 체계는 열심히 공부해서 학력을 쌓고 좋은 직장을 얻고 거기서 열심히 일해서 승진하고……

이렇게 해야 잘 사는 것이라고 강요한다.

모두가 부자가 되면 돌아가지 못하는 체계 안에서, 우리 모두가 부자가 되는 것은 불가능하다.

사회 곳곳에 불만이 가득하다.
그나마 일자리가 있으면 다행이다.
열심히 일하고 싶어도 마땅한 일자리가 없어서 불만이다.
다행히 일자리를 구해도, 싫은 일을 억지로 하느라 불만이고, 열심히 일해도 부자가 되지 못하는 처지로 인해 또 불만이다.

이 체계 안에서 부를 형성하는 사람들이 물론 있다.
상당히 많다.
그런데 그렇게 어느 정도 부를 모아, 부자 소리를 들을 만해도, 대개의 경우 그것에 만족하지 못하고, 더 많은 재산을 가진 더 큰 부자가 되려 하게 된다.
부자 되려는 생각이 습관처럼 박혀, 계속 부자가 되려는 노력을 멈추지 않게 되어 버렸다.
부자로서의 삶에 익숙하지 않기 때문이다.
혹시나 애써 형성한 부를 잃을까 두렵기도 할 것이다.
부가 없는 사람은 물론이고, 부를 형성한 사람도 부자가 아니다.
두 부류의 사람들 모두에게 삶은 어렵고 힘들고 고달프다.

부자가 되기 위해서는 우선 돈을 벌어야 한다.
그래서 돈을 많이 모아야 한다.

자연스럽게 돈이 사람들의 목표가 되어 버렸다.
무엇을 하든 돈이 필요하다.

무엇을 하건 돈이 없거나 부족한 것이 가장 큰 문제다.
돈, 돈, 돈, 어디서나 거의 매일 돈 타령이다.

어느새 사람이 돈을 부리는 것이 아니라, 돈의 노예가 되었다.

그러나 돈은 진정한 목표가 될 수 없다.

돈은 원래 상품의 거래를 쉽게 만드는 수단이었다.
그런데 어느새 돈이 거의 모든 사람의 목표가 되어 버렸다.
거의 대부분의 사람들이 돈을 원하고, 되도록 많은 액수의 돈을 갖게 되기를 바라게 되었다.
대부분의 사람이 일정한 액수의 돈을 최종 목표로 삼고 있는 세상이 되어 버렸다.
수단이 목표가 된 것이다.

서비스 상품을 비롯하여 거의 모든 상품의 가치가 돈으로 표시되는 세상이 되었다.
그러니 돈만 있으면 원하는 것을 얻을 수 있다는 생각을 갖게 되는 것은 지극히 당연하다.

돈은 수단이지만 가능성이기도 하다.
내가 원하는 다른 상품 내지는 서비스로 교환할 수 있는 가능성이다.
돈의 액수가 많을수록 그 가능성이 커진다. 가능성은 일종의 힘이다.

가능성이 커지면 힘이 세진다.
바꿀 수 있는 상품의 종류와 양이 많아진다. 그래서 사람들이 더 많은 액수의 돈을 원하게 된 것 같다.

돈을 원하는 사람에게 꾸어 주고 이자를 받는 제도가 만들어지면서, 돈이 돈을 벌 수 있는 가능성이 열렸다.
따라서 일정한 돈이 모이면, 생업에서 벗어나 놀고먹을 수 있는 길이 열렸다.
사람들은 일정액 이상을 은행에 맡기면 이자만으로 생활비를 충당하고도 남을 수 있다는 생각을 하게 된 것이다.

돈이 이렇게 좋은 것이기에, 한편으로 가지고 있으면 위험한 것이 되었다.
누가 훔쳐 갈 수도 있고, 빼앗아 갈 수도 있다.
누군가가 내 돈을 빼앗는 과정에서 나에게 상해를 입히거나 내 목숨까지 빼앗을 수 있다.
이 문제를 어느 정도 해결해 준 것이 또한 은행이다. 은행이 안전하게 보관도 해 주면서 보관료를 달라고 하기는커녕, 오히려 이자를 준다.

돈이 워낙 좋은 것이 되다 보니 부작용도 생긴다.
서로 많이 차지하겠다고 싸우는 일이 일어난다.
돈 때문에 친하게 지내야 할 사람들, 서로 의지하고 도와가며 살아야 할 사람들끼리 싸우고 원수같이 지내는 일도 일어난다.
남의 돈을 훔치거나, 사기 또는 강제로 빼앗는 일이 벌어진다.
돈을 도난 당하거나 빼앗기고 나면 억울하고 원통하다.

사기로 빼앗기고 나면 더욱 그렇다.
거의 모든 사람들이 되도록 많은 돈을 가지려고 하다 보니, 되도록 돈을 덜 주고 더 많이 받으려는 경향이 생겨난다.
돈을 갖기 위해 수단과 방법을 안 가리는 일도 발생한다.
부정 부패, 노동 착취, 불량식품, 가짜 상품 등등이 그것이다.

그 결과 부자에 대한 일반인의 인식도 좋지 않다.
탐욕, 지독함, 인색, 나쁜 사람 등이 부자에 대한 일반인의 인식이 되었다.
부자가 되는 것을 혐오하고 거부하는 사람도 생겼다.
돈에 대한 좋지 않은 의식도 생겼다.
돈이 원수다, 돈은 악의 근원이다.
진정 중요한 것은 돈으로 살 수 없다.
이런 말이 생겨났다.

부자와 돈에 대한 나쁜 의식은 사람들로 하여금 돈과 부자로부터 멀어지게 만드는 역할을 한다.
부자는 부자가 되어 하기 나름이고, 돈도 쓰기 나름이다.
부자가 되어 자기 부를 좋은 곳에 쓰면 좋은 부자다.
돈도 잘 쓰면 좋은 것이다.
돈과 부자에 대한 나쁜 의식은 우리가 진정 부자가 되기 위해 극복해야 할 과제 중의 하나다.

돈이 만들어 내는 부작용 중에 결코 무시할 수 없는 것은, 돈을 위해 하기 싫은 일을 억지로 하는 것이 일반화되는 경향이다.

심지어 범죄까지 저지른다.

사람들이 돈의 노예가 되어 가는 것이다.

돈의 노예가 된 사람에게는 돈을 많이 벌어 일정 수준 이상을 모으는 것만이 유일한 희망으로 비쳐진다.

그래야 편하게 살 수 있고, 따라서 싫은 일을 억지로 하지 않아도 된다.

그러기 위해서 오늘도 내일도 하기 싫은 일을 억지로 할 수밖에 없다.

자명종 소리에 억지로 일어나 도살장에 끌려가는 것처럼 일하러 나가게 된다.

"꼭 이렇게 살아야 하나?" 하고 반문하면서.

이 상황이라면, 누구나 돈 벌기가 참 힘들다는 말에 전적으로 동의할 수밖에 없다.

돈을 모으려면 돈을 되도록 덜 써야 한다.

검소한 생활을 해야 한다.

일정 액수의 돈을 모으는 것이 간절한 소망이 되면, 나도 모르게 인색해지고 구두쇠가 되어 간다.

그런데 사실은 이게 제 살 깎아 먹기가 될 수 있다.

돈을 쓰지 않고, 모으기만 하면, 돌아야 할 돈이 돌지 않으면 경제가 나아질 수 없고 따라서 돈 벌기가 어렵게 된다. 그러면 저축하기도 힘들어진다.

돈이 중요한 이슈가 되어 있다면,

돈 때문에 억지로 하기 싫은 일을 하고 있다면,

빚에 시달리고 있다면,
복수하고, 자랑하고 으스대기 위해서 돈을 벌겠다고 다짐을 했다면,
이 체계가 만들어 낸 덫에 이미 걸려든 것이다.

세스 고딘이 쓴 "이카루스 이야기"라는 책의 서문에 "꾀 많은 여우를 잡는 법"이 나온다.
산업사회가 수백 년에 걸쳐 풍족한 월급과 보너스, 부자가 될 가능성을 가지고 우리를 덫에 가둔 과정을 우화적으로 설명하고 있다.
여기서 꾀 많은 여우는 바로 우리들이다.
이 체계는 우리 모두를 부자로 만드는 순간 무너진다.
우리가 이 체계 안에서 부자가 될 수 없는 이유가 여기 있다.
부자가 될 가능성만이 당근으로 존재한다.

이 덫에서 빠져 나오는 길은 무엇일까?
이렇게 돈이 만들어 낸, 아니 돈으로 인해 사람들이 만들어 낸 부작용을 치유하는 길은 없을까?
부자가 되려는 생각이 빚어 내는 문제를 해결하는 길은 무엇일까?

해결책은 이 체계가 강요하는 생각에서 과감히 탈피하는 것이다.
돈을 쫓아가지 말고, 돈을 앞세우는 일을 그만두어야 한다.
돈을 쫓아가면 돈이 도망간다는 말이 있다.
돈을 돈의 원래 모습으로 되돌리는 것이다.
돈으로 인한 부작용은 돈을 최종 목표로 삼으면서 일어났다.

돈을 최종 목표로 삼았기에 돈을 억지로 모으려 했다.
돈을 최종 목표로 삼았기에 싫은 일을 억지로 하게 됐다.
돈을 돈의 원래 모습으로 되돌리는 것은, 돈을 수단으로만 보는 것이다.
부자가 되려는 생각이 빚어 내는 문제를 해결하는 방법은 부자가 되려고 하지 않는 것이다.
부자가 되어야 행복할 것이라는 허구를 깨뜨리는 것이다.

문제는 이것을 버리는 게 만만하지가 않다는 것이다.
그것이 너무 오랫동안 우리 두뇌를 지배하여 와서 거의 고정관념으로 자리 잡아 버렸다는 것이다.
어느 부자 되는 길을 안내하는 책도 부자가 되는 것을 목표로 삼는 것으로 시작한다.
가난한 사람이 가난한 것은 부자가 되려 하지 않기 때문이라고 한다.
심지어 부자가 되기를 간절히 바라고 열망하라고까지 한다.
부자라는 목표를 어떻게 잡을 것인지 설명하고, 부자가 되겠다는 선언문도 만들라고 한다.
부자가 되겠다고 매일 여러 번 쓰라고 하기도 한다.
부자가 된 모습을 마음속에 그려 보고, 그 느낌을 가지라고 한다.
부자가 되었다고 가정하고 미리 감사하라고 한다.
부자를 모방하고 부자의 습관을 닮으라고 한다.
그렇지만 필자는 과감히 말한다.
진짜 부자가 되는 방법은 부자 되기를 그만두는 것이라고.
우리가 들어 있는 체계는 우리가 부자가 되는 것을 바라지 않고, 우리를 부자로 만들 수도 없다고 말했다.

이 체계 안에서 이 체계가 원하는 대로 해서 부자가 되려는 것은 어리석은 짓이다.

75세에 달했을 때, 90% 이상의 사람은 죽거나 파산하며, 10%만이 경제적으로 독립을 누리고, 오직 1%의 사람만이 부유하다는 통계가 이 말을 뒷받침한다.

많은 사람이 이런 통계를 보고도, 오직 자기만은 예외일 수 있다고 믿고 싶어 한다.

사람은 자기가 듣고 싶은 것을 듣고, 보고 싶은 것을 보고, 믿고 싶은 것을 믿는 경향이 있다.

그래서 사실과 다른 것을 믿고, 착각은 계속된다.

다행스럽게 우리는 지금 산업사회에서 창조사회로 옮겨가는 시대를 살고 있다.

산업사회라는 체계에서 벗어날 수 있는 시대적 배경이 성숙하고 있는 것이다.

부자가 되어야 한다는 체제의 요구를 벗어날 수 있는 계기가 마련되고 있다. 부자 되려 하지 말자는 필자의 주장이 시대적 조류와도 맞아 떨어지고 있다.

지금까지 말한 것 이외에도 부자가 되겠다는 목표를 버려야 할 이유가 더 있다.

무려 다섯 가지나 된다.

지금부터 그 이유를 더듬어 보기로 한다.

2. 부자는 부자 되려 하지 않는다

전 항에서 우리가 부자 되려는 이유를 살펴보고 그것의 허망함을 알아보았다.
그것이 우리가 부자가 되려 하지 말아야 할 첫 번째 이유가 된다.
이 항에서는 부자가 되려 하지 말아야 할 두 번째 이유를 다루기로 한다.

진정한 부자란 어떤 사람을 의미할까?
여러 가지로 말할 수 있겠지만 우선 한 가지 확실히 말할 수 있는 것은 이것이다 :

"진정한 부자는 부자가 되려 하지 않는다"

이미 부자인 사람이 부자가 되려 하겠는가?
부자는 부자가 되려고 할 필요가 없는 것이다. 이미 부자니까.
따라서 부자가 되려 하지 않은 사람이 진짜 부자다.
부자가 되려 하는 사람은 자동적으로 부자가 아니다.
흔히들 부자가 되려면 부자의 마음을 가지라고 한다.
부자의 마음을 가지라고 하니까, 부자 흉내를 내고,
부자인 척 생각하고, 말하고, 행동하는 것이 부자의 마음을 갖는 것이라고 착각하기 쉽다.
부자가 아니면서 부자를 따라가려 하는 것은 위험하다.
뱁새가 황새를 따라가려 하는 것과 같다.

진정으로 부자의 마음을 갖는 방법은 부자가 되려 하지 않는 것이다.

부자가 되려면 부자가 되겠다는 목표를 세우고, 그 목표를 달성하기 위해 계획을 세우고, 그 계획을 실천하기 위해 노력해야 한다고 모두 알고 있다.

이런 고정관념에서 벗어나는 것이 진정으로 부자가 되기 위한 첫 번째 과제다.

부자가 되려 하지 않고서도 부자가 되는 방법이 있다.

사실은 진정으로 부자가 되는 유일한 방법은 부자가 되려 하지 않는 것이다.

사람이 부자가 되지 못하는 이유는 부자가 되려 하기 때문이다.

부자가 되겠다고 하는 순간 부자가 아니라는 마음이 우리 마음속에 자리 잡는다.

부자가 아니라는 생각이 바탕에 깔린다.

부자가 아니라는 생각이 바탕에 있으니, 평생 부자가 되려고 하다가 생을 마감할 위험이 있다.

사람은 태어나면서부터 원래 부자인 것이다.

이 책에서 이런 것을 모두 밝힐 것이다.

부자는 부자가 되려 하지 않는다.

따라서 부자의 마음을 가지려면 부자가 되려 하지 말아야 한다.

로버트 앤소니 박사는 '자기계발이라는 질병(Disease of self improvement)'이라는 제목의 글에서, 자기계발은 '자기가 부족하다'는 악성 바이러스를 우리에게 침투시킨다고 하였다.

부자가 되겠다고 마음먹거나, 부자가 되겠다고 결심하거나, 부자가 되겠다는 목표를 세우는 순간, 우리 마음속에 우리가 부자가 아니라는 악성 바이러스가 침투한다.

마치 악성 코드에 감염된 링크를 클릭하는 순간, 우리 컴퓨터나 스마트폰에 바이러스가 감염되듯이.

부자가 되겠다고 하는 순간, 이미 부자가 아닌 것이고, 부자가 될 수 없는 것이다.

아주 조그만 생각 하나가 우리를 영원히 부자가 될 수 없게 만든다.

생각이 현실이 된다고 한다.

그러니까 부자가 아니라는 생각을 갖고서는 아무리 부자가 되겠다고 노력해도 부자가 될 수 없다.

부자가 아니라는 생각이 우리 발목을 잡는다.

부자가 되겠다는 생각이 강렬할수록 부자가 아니라는 생각도 강렬해진다.

물리학의 작용 반작용의 원리가 여기에도 적용된다.

부자가 되겠다고 발버둥 칠수록 부자가 아니라는 생각도 맹렬히 그 생각의 현실화를 향해 나아간다.

불행하게도 우리 생각이 우리 현실을 지배하므로, 부자가 아니라는 생각이 승리하게 되어 있다.

노력하면 할수록 오히려 목표에서 더 멀어진다.

물에 빠진 사람이 가라앉지 않으려고 발버둥 칠수록 더욱 물 속으로 빨려 들어가고,

엉킨 실타래를 풀려고 잡아 당길수록 더 엉키고, 머리를 쥐어 짤수록 기억이 더 안 나고,

잃어버린 물건을 찾으려 온 집안을 뒤져도 찾을 수 없는 것과 같다.

이때 우리가 할 수 있는 최선의 방법은 놓아 버리는 것이다.

몸에 힘을 빼고 가만히 있으면 우리 몸은 떠오르게 되어 있다.
잠시 다른 생각을 하고 있으면 잊었던 기억이 되살아난다.
잃어버린 물건을 포기하고 나면, 우연히 열어 본 서랍 속에서 그 물건을 발견한다.

우리는 왜 간절히 바라는 걸까?
간절히 바랄 만큼 바라는 것이 이루어지기 어렵다고 여기기 때문이 아닐까?
간절히 바라고 정성을 다해야 하고 최선을 다해야 부자가 된다고 생각하면, 부자 되는 것이 아주 어렵고 힘들게 느껴진다.
그 느낌이 부자 되는 것으로부터 우리를 멀리 떼어 놓는다.
부를 힘들고 어렵고 멀리 떨어진 것으로 느낀다면, 부자 되는 것은 요원해진다.
부와 부자 되는 것을 쉽고 편하게 느껴야 부를 누리고 부자가 되는 것이다.
부와 친해지고 부자를 친밀하게 느껴야 부자에 가까워지는 것이다.
더 나아가, 우리가 부와 하나가 되어야 부자인 것이다.
우리가 부자와 하나가 되어야 부자인 것이다.
부와 부자를 내가 아닌 별개의 존재로 여기는 한 부자가 아닌 것이다.

부자가 되는 것을 목표로 하면 대개, 자발적으로 정성을 기울이지도 못하게 되고 최선을 다하게 되지도 않는다.
제사보다 젯밥에 더 관심이 있기 때문이다.
저절로 간절히 바라게 되고, 저절로 정성을 기울이게 되고, 저절로 최선을 다하게 되는 방법을 찾아야 한다.

이리 보나 저리 보나 부자가 되는 것을 목표로 삼는 것이 문제인 것 같다.

부자는 부자 되려 하지 않는다.
그러니 우리도 부자 되려 하지 말자.
부자 되려 하지 말아야 진짜 부자다.
아무리 부자라고 하여도, 다시 말해 돈이 많고 재산이 많아도, 아직 부자가 되려는 생각을 갖고 있다면 그 사람은 진정한 부자가 아니다.
우리 주변엔 겉으론 부자인데, 속으로 가난한 사람들이 너무 많다.
부자가 되겠다는 생각이 습관이 되어, 일생 동안 부자 되기 위해 노력만 하다가, 부자로서의 삶을 제대로 누려 보지도 못하고 세상을 떠난다.
부자가 되겠다고 생각하는 사람은 속으로 가난한 사람이다.
스스로를 가난에 묶어 놓고 있다.
어느 정도 부를 축적했다가도, 더 많은 부를 쌓아, 더 큰 부자가 되려 하다가, 오히려 파산하는 경우도 흔히 볼 수 있다.
성경 말씀대로 "가지지 않은 자는 있는 것마저 빼앗기게"〈마가 4:25〉 된다.
있어도 없는 것에 주목하고, 더 많은 것을 추구하는 사람이 가지지 않은 자다.
가지지 않은 자가 되지 않도록 주의할 일이다.

3. 부와 부자는 수단이지 목표가 될 수 없다.

부자가 되는 것은 진정한 목표가 될 수 없다.

전항에서 부자가 되려 하지 말아야 할 두 번째 이유를 말했다.
그 이유는 부자는 부자 되려 하지 않는다는 것이다.
그것이 두 번째 이유라면, 이 장에서는 부자가 되려 하지 말아야 할 세 번째 이유를 이야기한다.
그것은 부자라는 목표는 목표로서의 의미가 없다는 것이다.
다시 말해 부자가 되는 것은 목표가 될 수 없다는 말이다.
부자가 되는 것보다 더 중요한 것은 부자가 되면, 부자로서 어떤 삶을 살려고 하느냐다.
부자가 되면 그 부로 무엇을 할 것인가를 먼저 정해야 한다.
왜 부자가 되려고 하는지를 생각해야 한다.
부자가 되어야만 하는 이유를 분명히 밝혀야 한다.

그런데 많은 사람들이 우선 부자가 되고 보자는 식으로 생각하고 살아간다.
산업사회의 요구에 휘말리고 쫓겨서 어느 순간엔가 부지불식간에 부자가 되는 일이 최종 목표로 자리 잡아 버린다.
일단 부자가 되면 모든 문제가 해결될 것처럼 여기게 된다.
그런데 부자가 되려 해도 현실과 체제의 벽이 두껍기도 하거니와 부자가 되겠다는 의도가 발목을 잡는다.
부자가 되는 일이 생각처럼 쉽지가 않은 것이다.

그러니 일단 부자가 되는 일에 전념하자.

우선 부자가 되고 보자.

부자가 되어서 할 일은 다음에 생각하자.

이런 생각이 더 강해지는 것이다.

이런 식으로 진짜 할 일이 더욱더 뒤로 미루어지게 된다.

돈이 돈을 번다고 믿고, 우선 상당한 액수의 돈만 주어지면 그것으로 끝이라고 생각한다.

많은 사람들이 복권을 사는 이유가 여기에 있다.

대개의 사람들이 원하는 액수의 돈이 주어지면, 으리으리한 저택을 구입하고 좋은 자동차를 사고 휴가를 즐기고 친지를 초대하여 잔치를 여는 것 등을 생각한다.

그리고 과거의 자기와 같이 어렵고 가난한 사람을 돕고 싶다고 한다.

그런데 여기에는 돈이 돈을 벌게 만들기 위한 계획은 들어 있지 않다.

계속 이렇게 쓰기만 하면 아무리 많은 액수의 돈이라도 어느새 바닥이 나고 말 것이다.

이것이 많은 복권 당첨자들이 당첨된 지 얼마 안 되어 다시 옛날 모습으로 돌아가는 이유다.

이런 사례가 우선 부자가 되고 보겠다는 목표의 허망함을 잘 보여 주고 있다.

어떤 부모도 자식이 돈을 달라고 할 때, 그냥 주지 않는다.

무엇에 쓰려고 하는지를 묻는다.

돈을 달라는 대로 다 주었다가는 오히려 자식을 망칠 수도 있기 때문이다.

우리를 이 세상에 보낸 '그 무엇'도 우리가 돈을 요구할 때, 돈이 필요한 이유를 살피지 않겠는가?

부자가 되고 싶다고 할 때, 부자가 되어 무엇을 하려고 하는지 묻지 않겠는가?

자식이 돈을 달라고 하는 이유가 합당하면 부모는 돈을 줄 것이요, 부당하면 돈을 주지 않을 것이다.

'그 무엇'도 부모와 같은 심정일 것이다.

부자가 되는 것은 부자가 된 다음, 부자로서 할 일을 하기 위한 중간 목표다.

부자가 되어 진정으로 하고 싶은 일을 하기 위한 수단이다.

부자가 되면 무엇을 할 것인가?

이것이 우리의 진정한 목표다.

부자가 되는 것만으론 사실 아무 의미가 없다.

부자로서 할 일을 해야 부자다.

재물을 쌓아 놓기만 하고 쓸 줄을 모른다면, 쌓아 놓은 재물을 쓰지 않는다면, 재물이 없는 것과 무엇이 다른가?

쓰지도 않을 거면서, 도대체 무얼 하려고 재물을 쌓았단 말인가?

귀중한 재물을 헛되이 할 뿐이다.

부자를 목표로 쌓아 놓은 재물은 대개의 경우 소유자에게 더 많은 번뇌와 걱정을 안겨 줄 뿐이다.

여기 그것을 보여 주는 한 예가 있다.

2010년 2월 9일 연합뉴스에 의하면 오스트리아의 한 백만장자 사업가 카

를라베더(47) 씨는 부(富) 때문에 자신이 불행해졌다는 것을 깨닫고 재산 300만 파운드(약 54억 6천 400만 원)를 모두 기부하기로 했다고 한다.
그는 알프스 산이 보이는 140만 파운드 상당의 고급 빌라와 프랑스 프로방스에 위치한 61만 3천 파운드 상당의 농장을 매물로 내놨고, 35만 파운드어치의 글라이더 6대와 고급차 아우디 A8을 이미 팔았으며, 자신에게 부를 가져다 준 가구 및 인테리어 용품 사업도 매각했다고 한다.
그는 재산을 팔면서 자유를 느꼈다며 다음과 같이 말했다고 한다 :

"돈은 역효과를 낳는다. 행복이 오는 것을 막는다"
"더 많은 부와 사치가 곧 더 많은 행복을 의미한다고 오랫동안 믿어 왔지만 시간이 지나면서 사치와 소비를 멈추고 진짜 삶을 시작해야 한다는 생각이 들었다"
"내가 원하지도 필요하지도 않은 것을 위해 노예처럼 일하고 있다는 느낌이 들었다"
"하와이에서 휴가를 보내며 3주간 쓸 수 있는 돈은 다 썼지만, 친한 척 하는 직원들도, 중요한 사람인 척하는 손님들도 모두 배우 같았고, 진짜 사람 같은 사람은 한 명도 만나지 못했다. 영혼도 없고 감정도 없는 5성급(五星級) 삶이 얼마나 끔찍한지 깨달았다"

부자 되는 것이 수단인 것처럼, 돈도 수단이지 최종 목표가 될 수 없다. 돈으로 얻고자 하는 것, 돈으로 이루고자 하는 것, 그것이 최종 목표다. 돈은 그것을 써야 의미가 있다. 써야 돈이다. 쓰는 순간 그 목적을 다하는 것이다.

사실 돈, 돈 하며, 돈에 목맬 필요가 없다.

우주의 뜻과 맞는 일에 필요한 돈이라면, 억지로 모으려 하지 않아도 모이게 되어 있다.

그런데도 우리는 대부분 일정 액수를 정해 놓고 그만한 돈을 모으는 것을 목표로 정하고 있다.

일부 부자 되는 법을 안내한다는 책도, 돈이 목표라면 바라는 구체적 액수를 정하라고 조언한다.

문제는 그런 책들이 상당히 유명하고 고전으로서의 권위까지 갖고 있어, 많은 사람들이 그 조언을 믿고 따른다는 것이다.(그 사람들 중에는 나도 들어 있었다)

필자는 돈의 액수를 목표로 정하는 것은 사람들을 잘못 이끌 가능성을 내포하고 있다고 말한다.

돈을 우선시하고 돈이 최종 목표인 양 오도할 위험이 있다는 것이다.

돈을 어디에 쓸지도 정하지 않고, 돈을 모으려 하는 것은 어디에 쓸지도 모르면서 무조건 돈을 달라고 떼쓰는 어린아이와 같은 일을 하는 것이다.

아무리 떼를 써도 목표를 이루기 힘들다.

돈이 왜 필요한지, 그 돈으로 무엇을 할 것인지를 먼저 정해야 한다.

필요한 액수는 필요에 의해 정해질 것이다.

무엇을 하는 것이 나와 내가 처한 환경에서 가장 우주 전체의 뜻과 맞는 것인지를 생각하고 알아 내려고 해야 한다.

일단 돈을 모으고 보자, 일단 부자가 되고 보자, 이렇게 할 일이 아니다.

최종 목표를 바르게 해야 한다.

최종 목표가 바르면 필요한 물질이나 돈은 자연히 모여든다.

부와 부자는 최종 목표가 될 만한 가치를 지니고 있지 않다.

부와 부자를 최종 목표로 삼는 한, 그 목표를 이룰 수 없다.

다행히 목표를 이루더라도 이번에는 더 큰 문제가 그 사람을 기다린다.

산 너머 산이다.

그러니 부자 되려 하지 말자.

최종 목표를 부와 부자에 두지 말자.

4. 우리는 이미 부자다

부자가 되려 하지 말아야 할 진짜 이유

우리는 모두 태어나면서부터 부자로 태어났다.

부자로서의 삶을 누릴 수 있는 모든 가능성을 가지고 태어났다.

우리가 그것을 모르고 있을 뿐이다.

이것이 우리가 부자가 되려 하지 말아야 할 네 번째 이유이자 진짜 이유다.

오직 재물의 크기만을 부자의 척도로 여기면 우리 모두가 이미 부자라는 사실을 이해할 수 없다.

재물의 소유만을 염두에 두면 공수래공수거, 빈손으로 왔다가 빈손으로 간다는 말이 딱 맞다.

아무 재물도 갖지 않고 빈손으로 태어나 어떤 재물도 가져가지 못하고 떠난다는 말이니 틀림이 없어 보인다.

이런 틀 안에 갇히면 우리는 이미 부자라는 사실을 모른 채, 평생 부자 되려고 고생하다, 부자로서의 삶을 제대로 누리지도 못하고, 세상을 하직하게 될 것이다.

그러니 우선 부자를 재물의 크기만으로 판단하는 틀을 벗어 던져야 한다. 그 틀을 벗어 버리면, 우리가 이미 태어나면서부터 많은 것을 부여받았다는 것을 볼 수 있다.

그것이 보이면, 우리가 처음부터 부자였다는 사실도 저절로 보인다.

당장 부자로서의 삶을 살게 된다.

자, 그럼 지금부터 우리가 어떤 것을 받아 가지고 태어났는지, 왜 이미 부자인지 하나 하나 밝혀 보기로 한다.

우리 모두는 유일한 존재로서, 무한한 가치를 지닌 존재다

첫 번째로 말할 것은 우리 모두가 간과하고 있는 가장 일반적인 진실이다. 그것은 우리 모두가 유일한 존재로서, 무한한 가치를 지닌 존재라는 사실이다.

우리 모두는 존재 그 자체만으로도 무한한 가치를 지녔다. 그러기에 무한한 부자다.

나와 똑같은 사람은 이 세상에 없다.

나와 똑같은 처지에 있는 사람도 이 세상엔 없다.

나와 똑같고 나와 똑같은 처지에 있는 사람은 지금도 없지만, 인류 역사를 통틀어 과거에도 없었고, 미래에도 없을 것이다.

그러니 유일한 존재다. 유일한 존재는 대체 불가능이다.

다른 사람이 나를 대신할 수 없다. 원래 적을수록 가치가 있다.

이걸 희소가치라고 하던가?

근데 희소성을 넘어 하나밖에 없는 존재라면, 그 가치는 값을 따질 수 없이 무한하다고 말할 수밖에 없다.

그런데 우리는 자기도 모르는 사이에 연봉이나, 연봉을 결정짓는 학력, 경력, 연줄, 외모, 등등, 이런 것에 얽매어 자신의 무한 가치를 잊거나 덮어 버리고 만다.

학생들의 경우엔, E.Q., I.Q., 시험 성적, 학급 석차, 성적에 기초한 예상 진로 등등에 얽매여 자신의 무한 가치를 잊어버리는 안타까운 일이 벌어지고 있다.

이런 식으로 사회 통념이 왜곡을 만들어 내고 사람들을 그 속에 가두어 버린다.

유일한 존재는 유일하다는 그것 하나만으로도 무한한 가치를 지닌 존재다.

무한 가치를 지닌 존재는, 존재 그 자체만으로 무한한 부자다.

우리는 무한한 가치를 지닌 존재로 태어난 본태 성 무한 부자다.

찰스 랜스보로의 노래 스페셜의 가사에 나와 있듯이

우리 모두는 이 우주를 펼쳐 낸 '그 무엇'이 만들어 낸 걸어 다니는 걸작품이다.

잘생기지도 못하고, 민첩하지도 못하고, 힘도 약하고, 머리도 그냥 그렇고, 뛰어난 재주도 없고, 몸 어딘가에 이상이 있을 수도 있다.

그렇지만 이런 판단의 기준은 모두 이 세상이 만들어 낸 기준이다.

이 기준들을 다 버리고 있는 그대로를 보면, 우리 모두는 지금 있는 그대로 완벽한 존재다.

스스로를 걸작품으로 여기지 못하는 건, 우리가 세상이 만들어 낸 틀로 우리 자신을 판단하기 때문이다.

외눈박이들만 사는 세상에서는 두 눈을 가진 사람이 병신 취급을 받는다. '그 무엇'이 만들었기에 '그 무엇'의 시각으로 보면, 우리는 있는 그대로 완벽하다.

우리가 이게 좋다, 이래야 한다며 판단하고 차별하고 부족하다고 여길 뿐이다.

있는 그대로 걸어 다니는 걸작품인 우리에게 완벽하게 맞는 자리가 이미 마련되어 있다고 찰스 랜스브로는 그의 노래 스페셜에서 노래하고 있다.

우리 각자에게 마련된 자리를 완벽하게 채울 수 있는 사람은 이 세상에 오직 우리 각자 하나뿐이다.

우리 각자는 자기에게 주어진 그 자리를 채우기 위해 이 세상에 태어났다.

세상의 틀로 우리를 재단하고 판단하지 말아야 할 것이다.

자신을 판단하지 말아야 할 뿐만 아니라, 다른 사람도 세상의 틀로 판단하지 말 것이다.

각자가 자기 자신에게 맞는 자리를 찾아가면 된다.

그러니 우리는 있는 그대로의 우리로 인해 행복을 느껴야 한다.
(Charles Landsborough의 노래 스페셜의 가사 中)

감사해야 한다.

이것에 대해서는 다시 별도의 장에서 다루기로 한다.

우리에게는 많은 것이 기본으로 주어졌다.

'내 인생의 황금열쇠'(정영순 지음, 라테르네 출판) 189~190페이지에서 정영순 씨는 빈손으로 왔다가 빈손으로 간다는 말을 당연하다고 믿었으나 이제는 달리 보게 되었다고 한다. 사람은 결코 빈손으로 태어나지도 않았고, 빈손으로 죽지도 않는다고 말하고 있다.

공수래 공수거(空手來 空手去)
빈손으로 와서 빈손으로 간다는 말이다.
잘못 받아들이면 아무것도 없이 태어나서 아무것도 가지고 가지 못하고 죽는다는 의미가 된다.
아무것도 없는 가난한 상태로 태어난다는 말이 된다.
그런데 잘 보면, 빈손으로 태어났다는 말에서 우리가 손을 가지고 태어났다는 것을 알 수 있다. 아무것도 없이 태어난 것이 아니라 비록 빈손이지만, 손을 갖고 태어났다.
손은 우리 몸과 떨어져 따로 존재하는 것이 아니다.
우리 몸의 일부분이다.
우리는 손만이 아니라 손이 달린 몸을 갖고 태어났다.
몸은 홀로 존재하는 것이 아니다. 몸을 움직이는 마음과 같이 있다.
몸과 마음은 홀로 존재하는 것이 아니다.

우리를 이 세상에 태어나게 한 그 무엇과 소통하는 영혼과 같이 존재한다.
우리는 몸과 마음과 영혼으로 이 세상에 태어났다.
몸과 마음과 영혼이 우리에게 기본으로 주어졌다.
기본으로 주어진 것은 우리가 무시하고 넘어가기 쉽다.
그러기에 우리는 통상 이것의 가치를 모르고 넘어간다.
몸, 마음, 영혼이 공짜로 주어졌다는 사실을 간과하고 있다.
그냥 당연히 내 것이라고 치부하고 있다.
삶에 필요한 모든 필수적이고 기본적인 기능들, 숨 쉬고, 먹고, 마시고, 소화하고, 배설하고, 생각하고, 기억하고, 느끼고, 심장을 뛰게 하고, 몸을 움직이는 것이 모두 공짜로 주어졌다는 사실도 별로 주목하지 않고 그냥 넘어갔다.
얼 나이팅게일(Earl Nightingale)은 "가장 이상한 성공의 비결"이란 책에서 다음과 같이 말했다.

"우리는 무료로 받은 것에는 별로 가치를 두지 않는다.
돈을 지불한 것에만 가치를 둔다. 역설적으로 정확하게 그것의 반대가 진실이다. 삶에 진정으로 소중한 것―우리의 마음, 우리의 영혼, 우리의 몸, 우리의 희망, 우리의 꿈, 우리의 야망, 우리의 지능, 우리의 가족과 아이들과 친구와 국가에 대한 사랑, 이 무한한 가치를 지닌 자산이 전부 공짜로 주어졌다"

무한한 가치를 지닌 유일한 존재에 걸맞게 무한한 가치의 마음, 영혼, 몸, 그 밖의 여러 소중한 것들이 모두 무료로 제공된 것이다.

우리만 그 가치를 모르고 무시하고 있는 것이다. 빈손으로 태어났다며 아무것도 없이 태어난 것으로 착각하고 있는 것이다.

유일한 존재에 걸맞게, 우리 각자를 둘러싸고 있는 환경 또한 유일하다.
우리 각자의 적성, 재능, 소질 또한 유일하다.
유일한 환경이 유일한 적성, 재능, 소질과 어울려 우리 각자만의 독특한 무한한 가치를 시현(示現)하게 되는 것이다.
이것이 우리 각자의 유일한 가치를 살리는 길이고, 진정한 부자로 사는 길이 된다.

우리에게 주어진 몸과 마음과 영혼의 가치를 좀 더 자세히 살펴보기로 하자.

몸의 가치

우리 몸을 관장하는 두뇌는 현존하는 어느 컴퓨터보다도 정교하다고 한다.
우리 몸은 현존하는 어느 로봇보다 정밀하고 뛰어나다고 한다.
우리 몸은 오랜 세월에 걸친 진화 과정의 정점에 도달해 있는 유전자로부터 비롯됐다.
과학이 아무리 발달해도 우리 두뇌를 능가하는 컴퓨터를 만들 수 없고,
우리 몸을 능가하는 로봇을 만들 수 없다고 한다.
우리 두뇌는 가장 뛰어난 컴퓨터보다 더 가치 있고,
우리 몸은 가장 훌륭한 로봇보다 더 가치 있다.

우리 몸과 같은 로봇을 만드는 것은 거의 불가능에 가깝다.
설사 가능하다고 하더라도 그것을 개발하려면 막대한 개발비와 엄청난 시간이 걸릴 것이다.
제작 비용 또한 막대할 것이다.
면역력을 갖고 자가치유 능력, 세포 분열과 같은 자기 복제 능력까지 갖춘 로봇은 사실 상상하기조차 힘들다.

우리 몸은 이렇게 상상하기 힘든 만큼의 가치를 지니고 있다.

마음의 가치

마음의 가치 또한 무한하다. 거의 무한에 가까운 이 우주에 걸맞은 크기의 내면의 세계가 우리 마음 안에서 펼쳐진다.

러셀 콘웰이란 분이 지은 "다이아몬드가 나오는 땅(Acres of Diamond)"이란 책이 있다.
그 책에 다이아몬드가 나오는 땅에 대한 소문을 들은 농부가 자기 땅을 팔아 그 돈으로 다이아몬드가 나오는 땅을 찾아 헤맸는데, 그 농부가 팔아 버린 땅에서 다이아몬드가 쏟아져 나왔다는 이야기가 실려 있다.
우리에게 주어진 몸과 마음이 바로 다이아몬드가 나오는 땅이라는 것을 의미하는 이야기가 아닐까?
그 몸과 마음의 가치와 소중함을 모르고 밖으로 부를 찾아 헤매고 있음을 "다이아몬드가 나오는 땅(Acres of Diamond)"이란 책이 말하고 있다.

우리 마음이 가진 힘은 실로 막강하다.

상상력, 의지, 신념, 논리, 추리, 결단 등과 같은 마음의 힘이 만들어 낼 수 있는 것은 무궁무진하다.

사랑의 가치를 과연 짐작이나 할 수 있을까?

사랑도 마음이 하는 일이다.

일체유심조, 모든 것을 마음이 만들어 낸다고 한다.

모든 것이 마음의 작용으로 일어난다.

우리 마음이, 바로 그 마음이 개체화된 것이다.

잠재의식의 가치

심리학자들의 연구에 의하면 잠재의식은 무한한 정보의 보고라고 한다.

또한 잠재의식에 새겨진 것은 반드시 현실에서 이루어진다고 한다.

잠재의식은 우리에게 아이디어를 제공하고 우리의 꿈을 실현하는 충실한 하인이 된다.

잠재의식과 그것이 이루어 낼 수 있는 가치 또한 무한하다.

잠재의식의 활용법을 설명하려면 따로 책 한 권을 써야 할 정도다.

영혼의 가치

지금까지 말한 바와 같이 무한한 가치를 지닌 존재인 우리를 이 세상에 보냄에 있어, 그냥 보낼 수는 없을 것이다.

그렇게 소중하고 무한한 가치를 지닌 존재가 그냥 홀로 있어서는 안 된다.

중요한 인사에겐 보통 보디가드가 붙는다.

우리에게도 보디가드가 붙었다.

필자가 내부 인도자(내부 신성, 양심, 영혼, 성령)라고 부르는 어떤 신령스러운 존재가 우리 안에 있다.

모든 종교와 위대한 가르침은 물론 현대의 성공학, 자기계발 분야에서도 이것을 말하고 있다.

이것은 사실 모든 종교의 가르침이다.

모든 영적 스승들이 공통적으로 하는 말이다.

종교나 스승에 따라 그 이름만 다르다.

우리 민족 종교인 천도교에는 인내천, 즉 사람이 곧 하늘이라는 교리가 있다. 우리 민족 고유의 경전 중의 하나인 삼일신고(三一神誥)에는 자성구자강재이뇌(自性求子降在邇腦, 스스로의 본 바탕에서 하늘의 씨앗을 찾아보라. 이미 머리 속에 내려와 계신다)라는 구절이 있다.

신약성서에서는 우리 몸을 성령이 거하는 궁전이라고 한다.

"너희가 하나님이 성전인 것과 하나님의 성령이 너희 안에 거하시는 것을 알지 못하느뇨(고전 3:16)"

불교에서는 모든 존재에 불성이 있다고 하여, 우리 각자에게 있는 부처를 자성불(自性佛)이라고 부른다고 한다.

세계적으로 유명한 변화심리학자인 앤서니 라빈스(Anthony Robbins)의 대표적 저서의 제목은 "네 안에 잠든 거인을 깨워라(AWAKEN THE GIANT WITHIN)"다.

심리학에서는 잠재의식, 초의식, 무의식의 존재를 찾아냈다.

직감, 영감, 계시와 같은 현상을 통하여 우리를 인도하는 '무언가'가 있다고 한다.

그런 것이 가능하려면, 그 '무언가'는 모든 정보를 가진 전지(全知)한 존재여야 한다.

어느 가르침을 따르든, 어느 종교를 믿든, 모든 가르침이 공통으로 전하는 것은 위대한 존재가 우리 각자 내부에 존재한다는 것이다.

우리 각자의 내부에 존재하는 후원자는 어느 재벌 총수보다도 재력 있고, 어느 현명한 지도자보다도 현명하며, 어느 권력자보다도 강한 존재다.

전지전능한 존재다.

어느 특정 종교의 전유물이 아니다.

그 존재는 내 안에 있기 때문에 나를 떠날 수 없다.

항상 내 안에, 내 곁보다도 더 가까이 존재한다.

내가 외면하고 무시해서 없다고 여길 수 있을 뿐이다.

그런 존재가 우리를 후원하고, 우리 삶을 떠받치고 있다.

그런 존재를 부르는 명칭도 다양하다.

월레스 와틀스(Wallace Wattles)의 '과학적으로 부자가 되는 법'(the science of getting rich)의 제7장 감사에서는 그 존재를 다음과 같이 여러 가지로 지칭하고 있다 :

만물의 근원, 지능을 가진 유일의 근본 물질(one intelligent substance), 부의 원천, 신, 초월적 힘(supreme power), 우주의 창조적 에너지, 무형의 근본물질, 생각하는 물질(thinking substance). 그 밖에 위대한 '그 무엇'(Something great), 내부 신성, 진아, 본성, 등으로도 표현된다.

한마음 선원의 대행스님께선 주인공(空)이라고 부르셨고, 람타(Ramtha)는 보이드(Void)라고 했고, 디팩초프라 박사는(Deepak Chopra)는 무한 가능성의 장(Field of infinite possibility)이라고 했다.

보는 관점에 따라 약간씩 다른 의미를 가진 것 같고, 명칭도 다르지만, 결국은 같은 존재를 지칭한다.

많은 분들이 이 존재를 인정하고 있다는 점을 부각시키고, 명칭에 구애받지 말기를 바라는 마음에서 이렇게 장황하게 소개하게 됐다.

이 책에서는 편의상 '그 무엇'으로 표현하고자 한다.

내부 인도자는 우리가 지닌 가치가 올바른 곳에 효과적으로 사용되도록 우리를 인도한다.

'그 무엇'과 우리가 소통하는 연결 고리가 영혼이다.

영혼은 우리 존재의 기본이고, 근원이다.

영혼의 존재를 잊어서는 안 된다.

영혼을 잊으면 끈 떨어진 연, 나뭇가지에서 떨어진 낙엽과 같은 신세가 되는 것이다.

잎은 가지에 붙어 있어야 하고 가지는 줄기에 연결되어야 하며, 줄기는 뿌리와 연결되어 있어야 한다.

영혼이 없으면 우리가 지닌 모든 무한한 가치가 한순간에 쓸모가 없어진다. 오히려 해악이 된다.

영혼은 우리가 지닌 무한 가치를 살리는 무엇보다도 소중한 것이다.

우리는 항상 내부에서 울리는 소리에 귀 기울이고, 그 지시를 따라가야 한다.

그렇게 하는 것은 그리 어려운 일이 아니다.

이것도 별도의 장에서 따로 다루기로 한다.

영혼의 가치는 사실 감히 따질 수가 없다.

그 가치는 무한이다.

그 어마어마한 것이 우리 안에 있다.

우리가 사는 이 세상의 가치

이 세상은 우리 삶에 필요한 모든 것을 우리에게 제공하고 있다.

공기, 물, 태양, 흙 등등 이런 것이 우리에게 기본으로 제공되었다.

공짜로 주어졌지만, 이것들의 가치 또한 무한하다.

지금까지 사는 동안 우리에게 제공된 의식주는 모두 우리 세상에 있는 것을 기본으로 제공된 것이다.

그런데도 우리는 이것의 가치를 무시하고 있다.

그냥 원래 당연히 있는 것으로 여기고 넘어간다.

우리에게 주어진 환경의 가치

우리 각자를 둘러싸고 있는 환경 또한 나에게만 주어진 것으로 유일하다.

우리 각자와 똑같은 환경에 놓인 사람은 없다.

우리 각자만의 환경이 이미 유일한 우리 각자에게, 또 다른 유일한 가치를 더하고 있다.

유일한 가치는 무한한 가치다.

좋은 환경이건, 나쁜 환경이건 우리를 둘러싸고 있는 환경은 이미 무한한 가치를 지닌 유일한 존재인 우리에게 또다시 무한한 가치를 부여하고 있다. 나쁜 환경에 태어났다고 불평할 것도 없다.

여기 맨손으로 시작하여 일본 굴지의 가전 업체를 설립한 마쓰시타 회장의 일화를 소개한다 :

어느 날 한 직원이 마쓰시타 회장에게 물었다.
"회장님께서는 어떻게 하여 이처럼 큰 성공을 하셨습니까?"
마쓰시타 회장은 자신이 세 가지 하늘의 큰 은혜를 입고 태어났다고 대답했다.

그 세 가지 큰 은혜란,

1. 가난한 것.
2. 허약한 것.
3. 못 배운 것이라고 했다.
그 소리를 듣고 깜짝 놀란 직원이
"이 세상의 불행을 모두 갖고 태어나셨는데도 오히려 하늘의 은혜라고 하시니 이해할 수 없습니다"
라고 말하자, 마쓰시타 회장은 이렇게 대답했다고 한다 :

"나는 가난 속에서 태어났기 때문에 부지런히 일하지 않고서는 잘 살 수 없다는 진리를 깨달았다네.

또 약하게 태어난 덕분에 건강의 소중함도 일찍이 깨달아 몸을 아끼고 건강에 힘써 지금 90살이 넘었어도 30대의 건강으로 겨울철 냉수마찰을 한다네.
또 초등학교 4학년을 중퇴했기 때문에 항상 이 세상 모든 사람을 나의 스승으로 받들어 배우는 데 노력하여 많은 지식과 상식을 얻었다네.
이러한 불행한 환경이 나를 이만큼 성장시켜 주기 위해 하늘이 준 시련이라 생각되어 감사하고 있다네."

만약 닉 부이치치가 사지가 멀쩡하게 태어났다면, 어떡했을까?
그는 사지가 없이 태어났기에 우리를 비롯한 모든 사람들에게 더욱 큰 감동을 선사하고 있다.
우리가 이 세상에서 만나는 사람들, 부모님을 비롯하여 가족, 친척, 친구, 아는 사람 등도 우리에게 무한한 가치를 부여하고 있다.
우리 각자뿐만이 아니라 그들 모두가 유일한 존재로서 무한한 가치를 지닌 무한한 부자다.
유일한 존재로서 무한한 가치를 지닌 우리에게, 그것에 걸맞게 무한한 가치의 몸, 마음과 영혼이 주어졌고, 우리 각자를 둘러싸고 있는 유일한 환경이 그 무한한 가치를 부여하고 있다.

삶 자체의 가치

지금까지 우리가 유일하고 따라서 무한한 가치를 갖는다고 이야기했다.
그래서 무한한 가치를 지닌 우리의 존재 자체에 걸맞게, 우리에게 중요한 것, 필요한 모든 것을 공짜로 받아 가지고 태어났다고 말했다.
그런데 우리 인생에 중요한 것, 필요한 모든 것보다 앞서는 것이 있다.
그것보다 더 소중한 것이 있다. 이것도 공짜로 주어진 것이다.
바로 우리의 삶, 그 자체다.
우리의 생명, 삶 자체가 공짜로 주어졌다는 사실을 우리는 거의 잊은 채 생활하고 있다.
우리가 얼 나이팅게일의 말대로 공짜로 주어지는 것에 별로 가치를 두지 않아서 그런지, 우리는 우리의 삶, 그 자체의 가치를 간과하고 있는 듯하다.
우리의 삶, 그 자체가 공짜로 주어진 것이라는 사실을 간과하고 살아간다.
우리 인생이 공짜로 주어졌다는 사실은, 우리가 태어나기 위해 무엇을 했는지 생각해 보면 바로 알 수 있다.
우리가 노력해서 이 세상이 우리에게 주어진 것이 아니다.
우리의 삶, 그 자체가 없으면, 우리 인생에 중요한 것, 필요한 모든 것도 다 소용이 없다.
정말 소중한 것은 우리의 삶, 그 자체다.
우리의 생명, 삶이 우리에게 주어진 것은 기적이다. 그 자체가 축복이다.
이것이 생일을 기념하고 생일 파티를 여는 의미일 것이다.
우리는 지구상의 삶에로 초대받아 나왔다.
유일한 존재로서, 무한한 가치를 실현할 기회를 얻었다.

태어나기 전에는 우리가 이 세상에 존재하지 않았다.
우리가 죽으면 이 세상에 존재하지 않게 된다.
우리가 이 세상의 삶을 누릴 기간은 고작해야 100년 미만이다.

봄꽃이 피는 것을 100번 보기 힘들다. 짧다.

짧으니까 소중하다. 짧을수록 더 소중하다.

우리의 삶, 주어진 시간이야말로 우리의 가장 소중한 자산이다.

우리의 자산 목록에서 빠지기 일쑤지만……

지금까지 말한 모든 것이 우리에게 주어진 자산이다.

우리는 이미 무궁무진한 가치를 지닌 엄청난 자산가다.

우리는 이미 성공했다.

우리는 이 세상에 태어나는 데 성공했다.

처음으로 숨을 쉬는 데 성공했고, 지금까지 성공적으로 숨을 쉬고 있다.

눈을 뜨는 데 성공했고, 사물을 보는 데 성공했다.

젖을 빠는 데 성공했고, 젖을 소화시키고 배설하는 데 성공했다.

기어 다니는 데 성공했고 일어나 걷는 데 성공했다.

울고 웃는 법을 배우는 데 성공했다.

말을 하는 데 성공했다.

글을 쓰는 데 성공했다.

친구를 사귀는 데 성공했다.

수많은 성공을 거두며 성장했다.

지금도 성공하고 있다.

어딘가를 다녀오면 그곳에 갔다 오는 데 성공한 것이다.

우리는 수많은 성공에 둘러싸여 있다.

빌딩과 수많은 건물들은 성공의 결과물이다.

여러 사람이 힘을 합하여 빌딩 또는 건물을 짓는 데 성공한 것이다.
상점에 진열된 상품들도 성공의 결과다.
여러 사람이 힘을 합쳐 상품을 만들고 상점에 입점시키는 데 성공한 결과를 우리는 보고 있다.
만나는 사람마다 나와 같이 수많은 성공을 거두며 성장했다.
모든 동식물은 각기 나름대로 진화에 성공하여 현재의 모습에 도달하는 데 성공했다.
이렇게 성공한 존재로 성공에 가득 둘러싸여 있으면서도 우리는 자신을 실패자라고 생각하는 데 익숙해져 있다.
인위적인 기준을 설정해 놓고, 그 기준에 미달한다고 생각하기 때문이다.
인위적 기준에 비하면 우리는 한참 모자라다.
더 잘하라는 의미에서 기준을 높게 잡았는지 몰라도, 그 때문에 우리는 스스로를 실패자로 보는 경향이 있다.
자기보다 나은 사람을 기준으로 우리와 그 사람을 비교하는 것도 스스로를 실패자로 보는 원인이다.

스스로를 부자도 아니고 성공하지도 못한 실패자로 보는 것이다.
앞에서 살펴본 바와 같이 우리는 수많은 성공 경험 속에 성장하여 현재 성공 속에 살고 있는 성공자다.
우리를 실패자로 치부해 버리게 만드는 인위적 기준, 비교의식을 과감히 떨쳐 버리고, 우리 본래의 성공자로서의 진면목을 되찾아야 한다.
인위적 기준, 비교의식을 내려 놓기만 하면 된다.
그러면 우리 각자는 이 세상의 빛나는 주인공의 자격을 되찾게 된다.

누가 뭐라고 하든 우리는 이미 성공자다.
비록 조연을 맡았어도 우리 각자는 우리 나름대로 우리 각자의 인생을 사는 거다.
우리 각자는 우리 인생의 주인공이다.
주연을 맡은 사람도 우리 각자의 인생에서 보면 조연이다. 우리 각자가 주연이다.
대통령도, 장관도, 옆집 부자도, 엄마 친구 아들 딸도, 우리 인생의 조연에 지나지 않는다.

우리는 이미 많은 것을 누려 왔고 누리고 있다.

부록으로 들어가 있는 나의 자산리스트에 보면 우리가 누려온 것, 누리고 있는 것의 리스트가 있다. 그중 몇 가지만 들어 보면 다음과 같다 :

지금까지 사는 동안 먹은 음식
지금까지 사는 동안 입은 옷
지금까지 사는 동안 머물던 집
지금까지 사는 동안 번 돈, 재물
지금까지 사는 동안 쓴 돈, 재물
지금까지 사는 동안 겪은 경험
지금까지 사는 동안 받은 은혜
지금까지 사는 동안 받은 도움
감명 깊게 읽은 책

감명 깊게 본 영화

지금 입고 있는 옷, 신고 있는 양말, 신발
잠잘 수 있는 곳, 집
전기, 가전제품
개인 컴퓨터
노트북 PC
인터넷
스마트폰
좋아하는 음악, 노래, 가수
각종 게임
오락 시설
가지고 있는 돈, 경제적 자산
자동차
책상
의자
내 방
내 사무실
시계
연필, 볼펜 등 필기구
병원, 약국, 한의원, 한약방, 약, 한약
책꽂이와 거기 꽂혀 있는 책
내가 알아챈 진리, 법칙

내가 터득한 방법, 비결, 노하우

마무리

지금까지 우리가 태어날 때부터 엄청난 가치를 부여받고 태어났으며, 태어난 이후에도 성공자로서 우리 인생의 주인공으로 많은 것을 누렸고, 누리고 있음을 이야기했다.
우리는 이미 부자이고 성공자이며 우리 인생의 주역이다.
이렇게 우리가 이미 부자라는 진실을 알고 나면, 우리가 부자 되려고 애쓰고 노력했던 일이 참으로 우스꽝스러운 일이었다는 것을 알게 된다.
부자 되려고 하지 말아야 할 진짜 이유가 여기에 있다.

보통 다른 책에서도 우리가 이미 부자라는 사실을 믿고 인정하라는 말을 한다.
믿는 대로 생각하는 대로 현실에 나타난다는 원리에 의거하여, 부자가 되려면 그렇게 해야 한다는 것이다.
사실은 아니지만, 부자라고 믿으라는 것이니, 속에서는 아니지만 겉으로는 부자라고 믿으라는 것이다. 심지어는 부자인 것처럼 행동하라고까지 한다.
왠지 억지가 있어 보인다.
필자가 말하는 것은 이런 말과 180도 다르다.
부자가 되기 위해 부자라고 믿는 것이 아니다.
사실이 그러하니까 부자라는 것이다.
확실한 이유와 근거를 가지고 부자라고 하는 것이니까, 자연스럽다.

부자라는 것이 사실이니까, 부자라고 믿거나 말거나, 인정하거나 말거나, 우리는 부자다.

부자라는 것이 사실이니까, 굳이 부자라고 믿고 인정할 이유도 필요도 없다. 부자인 것처럼 꾸밀 이유도 없다.

있는 그대로 부자이고 성공자며 주인공인 우리를 있는 그대로 나타내면 된다.

이제 우리에게 남은 일은 각자 인생의 주연으로서의 책무를 다하는 것이다.

주인공으로서 권리와 책임을 다해야 한다.

소중하고 엄청난 자산을 가진 부자로서의 책임, 권리와 의무를 다해야 한다.

소중하고 엄청난 자산을 잘 활용해야 한다.

이것으로 진짜 부자로서의 삶이 열리는 것이다.

마리안느 윌리암슨의 사랑의 기적(A Return to Love, 조경숙 옮김 아름드리미디어 간) 222쪽에 나오는 구절로 우리가 이미 부자라는 이야기를 마무리한다.

이 구절은 "코치 카터"라는 영화의 대사로도 인용되고, 전 남아공 대통령 넬슨 만델라의 대통령 취임식 연설문에도 등장하는 유명한 구절로 우리의 가치와 능력에 대한 가장 훌륭한 표현이라고 생각한다.

"우리의 가장 깊은 두려움은 우리가 부족하다는 게 아니다. 우리의 가장 깊은 두려움은 우리가 잴 수 없을 만큼 권능 있다는 것이다. 우리를 가장 두렵게 하는 건 우리의 어둠이 아니라 우리의 빛이다. 우리는 자문한다. 나는 멋진 사람인가? 나는 훌륭한 사람인가? 나는 재능 있는 사람인가?

나는 굉장한 사람인가? 라고. 사실 당신이 어떻게 그렇지 않을 수 있겠는가? 당신은 신의 자녀다. 당신이 소심하게 놀아서는 세상에 도움이 되지 않는다. 당신 주위의 사람들을 불안하지 않게 하려고 당신을 위축시킬 필요는 없다. 어린아이들이 그렇듯이 우리 모두는 빛나도록 되어 있다. 우리는 우리 안에 있는 신의 영광을 드러내기 위해 태어났다. 우리 중 일부만 그런 게 아니다. 우리 모두가 그러하다. 그래서 자신이 빛을 발하도록 놔둘 때, 우리는 무의식적으로 남들에게도 그렇게 해도 좋다고 허락하고 있는 것이다. 자신의 두려움에서 해방될 때, 우리의 존재 자체로 인해 자동으로 다른 사람들이 해방된다"

5. 잡으면 삐꾸러진다

불교의 선가(禪家)에는 '잡으면 삐꾸러진다'라는 말이 있다.
깨닫겠다는 의지나 욕구가 오히려 깨달음을 방해한다는 것이다
돈과 여자 혹은 남자는 쫓아가면 도망간다는 말도 있다.
우리는 이런 말과 부합되는 일을 살아가면서 흔히 겪게 된다 :

잘 보이려다가 오히려 핀잔만 받는다.
술을 덜 먹자고 결심하자마자 평소에 연락도 없던 친구들까지
만나자며 전화가 온다.
담배를 끊으려 할 때마다, 스트레스 받을 일이 더 자주 발생한다.
잘해 보려고 긴장하면 오히려 땀만 흘리다 실수하고 만다.

돈을 모으고 부자가 되겠다고 결심하는 것에도 같은 일이 벌어진다.
돈을 절약하겠다고 결심하고 나면 이상하게도 돈 쓸 일이 더 많이 생긴다.
부자가 되겠다고 하면 오히려 부자가 되지 못하게 만드는 일이 벌어진다.
무언가를 바라고, 원하고 마음에 두면, 그것은 우리 자신과 동떨어진 곳에 있게 된다.
우리 자신과 다른 별개의 것이 된다.
그것에 도달하는 것이 멀고 어렵고 힘들어 보인다.
이것이 우리가 부자가 되려 하지 말아야 할 다섯 번째 이유다.

많은 부자 되는 책들이 스스로의 힘으로 부자가 될 수 있다고 말한다.
그렇게 될 수 있는 근거를 우리의 믿음과 신념과 잠재의식의 힘에 두고 있다.

마음이 품거나 믿는 것은 무엇이든 성취할 수 있다고 말한다.
잠재의식에 새겨진 것은 반드시 실현된다고 한다.
간절히 원하기만 하면 다 이루어진다고 주장한다.
그러나 조금만 생각해 봐도 우리가 원하는 대로 되는 것이 많지 않다는 것을 알 수 있다.
우선 예전부터 부자가 되기를 바랐었는데 아직도 그대로다.
건강하고 무사하기를 빌지만, 몸이 아프기도 하고 여러 사건, 사고에 휘말리기도 한다.
원하는 대로 다 된다면, 내가 원하지 않는 일은 내게 일어나지 말아야 한다.
그런데도 뜻하지 않았던 일이 벌어진다.

상상한 것은 모두 현실화한다고 하는데, 그래서 싱싱한 상상을 즐기라고 하는데, 상상한 것은 일어날 기미도 보이지 않고, 오히려 전혀 상상하지도 못했던 일이 벌어지는 것은 또 무슨 조화인가?

목표의 함정

꿈은 이루어진다라는 말을 여러 번 들었다.
꿈을 꾸기만 하면 다 이루어지는데, 꿈을 꾸지 않기 때문에 이루지 못하고 있다는 말로 들린다.
꿈까지 가지 않더라도 누구에게나 바라는 것이 있다.
바라는 것도 꿈이라면 꿈이다.
"꿈은 이루어진다"가 맞는 말이라면, "바라는 것은 이루어진다"도 맞아야 한다.
그런데 아무리 바라도 이루어지지 않는다.
그래서 다음과 같은 말들이 나온다 :

> 바라는 것을 이루려면 막연히 바라는 것으론 안 된다.
> 바라는 것을 이루기 위해 구체적 목표를 세워야 한다.
> 목표를 이루려면 목표의 달성을 간절히 원해야 한다.
> 간절히 바라고, 정성을 기울이고 최선을 다해야 한다.
> 그리스 신화에서 유래한 '피그말리온 효과'라는 것이 있다.
> '간절히 원하고 그렇게 될 것이라고 믿으면 이루어질 수 있다'는 효과다.
> 간절히 바라면 조각상이 살아 있는 사람으로 변한다.

간절히 원하면 반드시 이루어진다.
믿기만 하면 믿음대로 된다.
마음에 그리면 그린 대로 이루어진다.
마음에 그릴 때, 그것이 이루어졌을 때의 감정을 느끼는 것이 중요하다.

이런 말들을 곧이 곧대로 믿고, 많은 사람이 뭔가를 이루기 위해, 간절히 바라고, 정성을 기울이고 최선을 다하고 있다.
믿으려고 애쓴다.
마음에 그려 보기도 한다.
바라는 것을 이루었을 때의 느낌을 미리 느껴 보려 한다.
그런데 아무리 해도 되지 않는 경우가 있어 사람들을 괴롭힌다.
위의 말을 한 사람들에게는 빠져 나갈 구멍이 다 마련되어 있다.
다음과 같이 말하면 그만이다 :

소원이 이루지지 않은 것은 간절함이 결여되고, 정성이 부족하고, 최선을 다하지 않았기 때문이다.
믿음대로 되지 않는 것은 믿음이 부족하기 때문이다.
마음에 그려도 안 된 것은 제대로 그리지 않았기 때문이다.
구체적으로 생생하게 느껴야 하는데, 그 느낌이 부족했기 때문이다.

꿈은 이루어진다는 말을 믿고 꿈을 꿨던 사람들만 실망을 안고 돌아서게 된다.
간절히 바라고 정성을 기울이고 최선을 다한 만큼 실망도 더 크다.

실망하고 있는 사람에게 간절히 바라고, 정성을 기울이고 최선을 다했느냐고 다그친다면 상황이 더 꼬일 뿐이다.

자기 스스로 간절히 바라지 못했고, 정성을 다하지 못했으며, 최선을 다하지 못했다고 책망하는 것도 바람직스럽지 않다.

우리는 대개 한눈팔지 말고 목표를 향해 앞만 보고 열심히 달려가는 것이 간절히 바라고 정성을 다하고 최선을 다하는 것이라고 믿는다.

필자도 그렇게 믿었다. 예외가 아니었다.

이런 방식으로 바라는 것이 이루어지는 경우도 있다.

개인적인 노력이 성패를 좌우하는 경우가 그러하다.

학생 시절에 열심히 공부하여 시험 성적을 올리는 것이 대표적 사례다.

연구원이 연구에 몰두하여 성과를 내는 것도 이런 경우에 해당된다.

그런데 필자의 삶을 돌아보더라도, 열심히 해서 성공한 경우도 있었지만, 열심히 했는데도 실패한 경우도 많았다.

이런 사실이 우리를 더 혼란스럽게 만든다.

열심히 하면 성공해야 마땅한데, 왜 열심히 하는데도 오히려 실패하는 것일까?

놀고먹는 듯한 사람들이 더 잘되는 이유는 뭔가?

이 세상이 불공평한 것일까?

이러한 현실이 필자에게 큰 의문으로 다가왔다.

드디어 그 해답을 찾았다.

답은 두 가지다.

하나는 열정을 갖고 열심히 하는 것, 간절히 바라는 것, 몰두하는 것, 정성을 다하는 것, 최선을 다하는 것이 성공의 조건이라고 말하지만, 사실은 그것이 그런 것이 아니라는 것이다.

열정을 갖고 열심히 하는 것, 간절히 바라는 것, 몰두하는 것, 정성을 다하는 것, 최선을 다하는 것은, 우리가 바른 길에 서서 바른 목표를 향해 나아가고 있음을 나타내는 증표다.

바른 길에 서서 바른 목표를 향해 나아가고 있으면 누구나 다, 열정을 갖고 열심히 하게 되고, 간절히 바라게 되며, 몰두하게 되고, 정성을 다하며, 최선을 다하게 된다.

바른 목표를 세우고 바른 길로 나아가는 것이 관건이다.

바른 목표를 세우고 바른 길로 가는 것이 원인이고, 열정을 갖고 열심히 하게 되고, 간절히 바라게 되며, 몰두하게 되고, 정성을 다하며, 최선을 다하게 되는 것은 결과다.

원인을 바로 하면, 결과는 자연스럽게 따라온다.

그런데 우리는 원인은 그냥 놓아둔 채, 결과에만 매달리고 있는 것이다.

왜 자기는 열정을 갖고 열심히 하지 못하고, 간절히 바라지 못하고, 몰두하지 못하고, 정성을 다 하지 못하고, 최선을 다하지도 못하느냐고 한탄하고 있는 것이다.

증표에 지나지 않는 결과물을 성공의 원인으로 잘못 알고 있는 것이다.

올바른 코치라면 열정을 가지라고 할 것이 아니라, 어떻게 하면 열정적이 되는지를 말해 줘야 한다. 올바른 지도자라면 간절히 바라라고 할 것이 아니라, 어떻게 하면 간절히 바라게 되는지를 말해 줘야 한다. 올바른 스승이라면 몰두하라고 할 것이 아니라, 어떻게 하면 몰두하게 되는지를 말해 줘야 한다. 올바른 인도자라면 정성을 다하라고 할 것이 아니라, 어떻게 하면 정성을 다하게 되는지를 말해 줘야 한다. 올바른 조언자라면 최선을 다하라고 할 것이 아니라, 어떻게 하면 최선을 다하게 되는지를 말해 줘야 한다.

두 번째 해답은 목표를 잡을 때 빠지기 쉬운 몇 가지 함정이 있다는 것이다. 목표의 첫 번째 함정은 목표를 갖게 되면 목표와 관련된 것은 잘 보이지만, 목표가 아닌 다른 것은 잘 보이지 않는다는 것이다.
시야가 목표와 관련된 것만으로 좁아진다.
흔히 이걸 앞만 보고 달린다고 말한다. 목표만 보고 나아간다는 말이다.
자신의 목표에만 골몰하느라 다른 사람의 형편이나 주위 환경을 돌아보지 못한다.
아전인수, 자기에게 유리한 쪽으로 상황을 해석한다. 상황을 오판하기 쉽다.
의욕이 너무 넘쳐 억지를 부리기도 한다.
억지가 통할 리 없다. 실망하게 되고 쉽게 지친다. 심신이 피곤하다.
마음이나 생각이 닫혀 있는 상태로 된다.
이렇게 되면 우연이 끼어들 여지가 없어진다.
우연이 주는 기회를 모르고 지나친다.
섭리가 끼어들 여지가 없다.
굳이 무시하겠다고 해서 무시하는 것이 아니라, 자기도 모르게 섭리를 무시하게 된다.
그 반대의 경우를 농산물 직거래 생활협동조합인 '한살림'을 창립하고 그 밖에 많은 훌륭한 일을 하신 장일순 님의 삶에서 볼 수 있다.
그분은 20분밖에 걸리지 않을 거리를 산책하는 데 두세 시간씩 걸리는 때가 많았다고 한다.

산책 중에 만나는 사람들과 이야기를 나누다 보니 그렇게 됐다는 것이다.

필자의 아픈 기억이 하나 있다.

개인 사업을 하던 때인데, 나름대로 열심히 살던 시절이었다.

어느 날 중요한 상담을 위하여 걸어 가는 중이었다.

약속 시간에 늦을까 봐, 바쁜 마음에 앞에 가던 사람을 따돌리고 앞서 갔다.

그런데 고객의 회사에 도착하여 기다리다 결정권을 가진 사람을 소개받았는데, 내가 따돌리고 앞서 갔던 바로 그 사람이었다.

그는 발을 저는 사람이었다.

민망하고 죄송한 마음에 상담이 엉망으로 돼 버렸다.

만약 내가 여유를 갖고 천천히 갔거나, 앞서 가면서 인사라도 했더라면 하는 아쉬움이 남는 대목이다.

필자는 도서관이나 서점에 들르기를 좋아한다.

우선 살 책이나 볼 책도 찾지만, 그냥 서가의 이곳저곳을 둘러 보기를 좋아한다.

그렇게 해서 우연히 만난 책이 오히려 내게 더 깊은 감명을 준 경우가 많았다.

마음 가는 대로 여기저기 다니다 보면 우연히 좋은 책을 만나게 된다.

이럴 가능성을 없애는 것이 목표의 첫 번째 함정이다.

목표의 두 번째 함정은 목표를 가진 사람이 목표에 이르는 과정보다 목표의 달성에 치중하게 되는 것이다.

목표의 달성에 치중하게 되면, 목표의 달성만이 행복이다.

따라서 목표 달성에 치중하게 되면 다음과 같이 된다 :

목표에 이르는 과정을 즐기지 못한다.
현재는 목표가 달성된 상태가 아니고, 미래에 목표가 달성되리란 보장도 없으므로 현재도 미래에도 안식이 없다.
과정을 즐기지 못하니 능률도 나지 않는다.
목표 달성이 힘들고 어려워진다.
빨리 달성하고 싶은 마음은 간절해서 조바심이 나는데, 오히려 달성 시점은 자꾸 뒤로 미루어진다.
'목표 달성이 최고의 선이다, 목표 달성이 곧 행복이다'라고 오해하고 있으니, 목표를 달성하기 전까지는 행복할 수 없다.
달성 순간의 기쁨은 찰나에 지나지 않고, 목표 달성을 향해 가는 과정은 길기만 하다.
우리 인생의 대부분은 과정으로 채워진다.
과정이 즐겁지 않으니 인생이 즐거울 수 없다.
싫은 일을 할 수 없이 억지로 하는 것이 습관이 되어, 인생은 원래 그런 거라고 치부해 버린다.
다 그렇게 산다고 스스로 위로하고, 다른 사람에게도 그렇게 위로의 말을 건넨다.

참으로 헤어나기 힘든 함정에 빠지게 된다.

헤르만 헤세는 〈행복〉이란 시에서 이것을 멋지게 표현했다.

행복

―헤르만 헤세

행복을 추구하고 있는 한
행복할 만큼 성숙해 있지 않다
가장 사랑하는 것들이 모두 네 것일지라도

잃어버린 것을 애석해하고
목표를 가지고 초조해하는 한
평화가 어떤 것인지 너는 모른다.

모든 소망을 단념하고
목표와 욕망도 잊어버리고
행복을 입 밖에 내지 않을 때

행위의 물결이 네 마음에 닿지 않고
너의 영혼은 비로소 쉬게 된다.

목표의 세 번째 함정은 목표는 사람으로 하여금 현재가 아니라 미래에 살게 만든다는 것이다.
목표를 가지면 현재를 사는 것이 아니라, 미래를 사는 것이 된다.
현재를 행복하게 지낼 수 없게 만든다.
지금을 충분히 즐길 수 없게 된다.
지금을 즐기고 현재 행복해야 행복한 인생으로 이어진다.
그럴 수 없으면 그 인생은 불행하다.

행복하기 위해 목표를 정했는데, 그 목표가 삶을 불행하게 만든다.

진 웹스터의 소설 '키다리 아저씨'(서현정 옮김 베텔스만 코리아 출판) 181 페이지에 이와 관련된 재미있는 구절이 나온다.

아저씨, 전 행복의 참된 비법을 찾아냈어요.
그 비법이란 바로 '현재'를 사는 거예요.
한없이 과거를 후회하는 것도 아니고, 미래만 꿈꾸는 것도 아니에요.
바로 지금 이 순간을 즐기는 것, 그것이 행복의 지름길이에요.
(중략)
그래서 매 순간을 즐길 거예요.
그리고 매 순간을 즐기는 동안, 제가 그렇게 즐기고 있다는 사실을 깊이 인식할 거예요.
세상 사람들 대부분은 인생을 사는 게 아니라 단지 경주를 하고 있을 뿐이에요.
저 멀리 지평선 끝에 목표를 정해 놓고는 헐떡대며 달려가고 있어요.
그래서 목표까지 가는 길가에 펼쳐진 아름답고 고요한 경치를 보지도 못하고 그냥 지나쳐 가죠.
그러다 늙고 지치면 그때서야 목표에 도달하든 하지 않든 별 차이 없다는 것을 깨닫게 돼요.
그래서 저는 위대한 작가가 되지 못하더라도 길가에 앉아 작은 행복들을 가꾸기로 결심했어요.

윌 스미스가 주연한 '행복을 찾아서(Pursuit of happyness)'라는 영화가 있다.
제목이 행복을 추구하여 달성하는 것으로 생각하게 만드는 것 같다.
필자의 생각으로는 행복을 찾아서가 아니라 즐기는 것을 찾아서(Pursuit of my favorites)로 바꿔야 정확한 표현이다.
실제로 영화의 주인공 윌 스미스는 증권 브로커가 풍요한 삶을 누리는 것을 우연히 알게 된 후로 그 직업에 매력을 느끼게 된다.
그래서 정식 증권 브로커가 되려 하지만 어려운 난관들이 도사리고 있다.
그 어려움을 뚫고 정식 증권 브로커가 되는 과정이 이 영화의 줄거리다.
주인공이 추구한 것은 그가 바라는 증권 브로커가 되는 것이었지 행복이 아니었다.
우연히 증권 브로커에 매력을 느끼게 된 것, 그리고 그에게 브로커가 되는 것만이 유일한 탈출구였다는 것에 주목할 필요가 있다.
말하자면 브로커가 되는 것이 그의 사명이었다.
어려운 난관을 이겨 내는 것에 영화의 초점이 맞춰졌지만, 주인공은 그 과정을 즐겼다고 보인다.
겉으로 보기엔 풍요한 삶이 주요 이유였지만 실제로 그는 그가 즐기는 것을 추구한 것이었다.
경쟁했다고 보이지만 그는 그의 삶에 충실했다.
여기에 우연이 개입된다.

인사 담당 매니저에게 루빅큐브 퍼즐을 푸는 것을 보여 주게 되어 그의 신임을 얻게 된 것,
큰 손인 펀드 매니저와 같이 미식축구경기를 보러가게 된 것,

그리고 거기서 유력 가망 고객들을 알게 된 것,
입사 필기 시험에서 유력한 경쟁자가 뒷면에 있는 문제를 보지 못하고 풀지 않은 것 등이다.

이 영화의 실제 인물인 크리스 가드너는 성공한 지금보다 브로커가 되기 위해 힘들게 지내던 그 시절이 더 행복했었다고 말한다.
우리는 행복을 쫓는다고 생각하지만 사실은 자기가 좋아하는 것을 쫓는 것이다.
무언가를 달성하고 얻어야 행복이라고 여기지만, 사실은 자기가 좋아하는 것을 쫓아가는 과정이 행복이다.
주인공과 경쟁했지만, 탈락한 사람들은 과연 실패한 인생일까?
물론 아니다. 그들에겐 그들 나름대로의 또 다른 삶이 마련되어 있을 것이다.
그때 경쟁했던 것이 토대가 되어 다른 일이 벌어질 것이다.
고시 공부하다 실패하여 법무사가 되었지만, 오히려 변호사보다 많은 수입을 올리는 법무사가 된 사람도 있다.
일류 대학에 들어가지 못했지만, 일류 대학을 나온 사람들보다 사회에 나와서 훨씬 더 능력을 발휘하고 있는 것을 흔히 볼 수 있다.

목표의 네 번째 함정은 목표를 가진 사람으로 하여금 없는 것에 집중하게 만드는 것이다.

읽기 싫은 책을 읽어 본 사람은 안다.
자꾸 몇 페이지가 남았는지 넘겨 본다.

'아직도 이렇게 많이 남았네' 하고 한숨이 절로 나온다.

명상을 하다 보면 다리가 저려 온다.
자꾸 시계를 쳐다본다.
한참 앉아 있었던 것 같은데 겨우 3분밖에 지나지 않았다.
조금 있다가 다시 본다. 5분밖에 지나지 않았다.

10억 원의 돈을 모으기로 한 사람이 있다.
앞으로 얼마를 모아야 10억이 되는지 자꾸 헤아려 보게 된다.
천 리 길도 한 걸음부터인 줄 알겠는데, 1억 모으기도 힘들다.
갈 길은 구만 리인데, 아직 만 리도 못 갔다.

생각나는 대로 없는 것에 집중하게 되는 예를 들어 보았다.
집중한 것은 커진다는 법칙이 있다.
없는 것에 집중하면 없는 것이 점점 더 커진다.
읽을 페이지 수, 남은 시간, 모자라는 돈의 액수 등 없는 것만 보인다.
보이는 대로 나타난다. 없는 것이 현실이 된다.
책을 읽다가 자꾸 졸음이 와서 자 버린다. 명상 중에 다리를 내려놓는다.
돈을 모으다가 중간에 포기한다.
결핍의식이라는 스스로 지은 감옥에 스스로 들어간 꼴이다.
그런데 나오기가 힘들다. 들어가 있는 줄도 모른다.

야망을 가져라. Boys, be ambitious!

꿈을 가져라. 원대한 꿈을 꿔라.

목표를 갖지 않으면 이룰 수도 없다.

이런 말을 함부로 할 것이 아니다.

이 말을 듣는 사람을 지금까지 이야기한 목표의 함정에 빠뜨릴 수 있다.

왜냐하면 이런 식으로 꿈이나 목표를 잡는 것은 억지로 잡는 것이기 때문이다.

꿈이나 목표가 있어야 한다니까, 없으면 안 될 것 같으니까, 누가 물어보면 대답해야 하니까, ……

이런 이유로 꿈이나 목표를 잡는 것이니 꿈이나 목표에 억지가 스며 있다.

이렇게 목표를 잡으려 하면, 우리 본성이 진정 원하는 것보다 다른 사람이 원하는 것, 그럴듯해 보이는 것, 세상과 적당히 타협한 목표를 잡기 쉽다.

부자가 되겠다, 돈을 얼마 이상 모으겠다는 목표를 잡는 것이 대표적 예다.

우리가 할 일은 함부로 꿈이나 목표를 잡는 것이 아니다.

억지로 설정한 꿈이나 목표는 차라리 없느니만 못하다.

자연스럽게 꿈이나 목표가 나타나는 것을 오히려 방해한다.

우리가 진짜 할 일은 참고 기다리는 것이다.

정말 우리가 진정으로 '바로 이것이다' 하는 것이 나타날 때까지, 천직이라고 생각되는 일을 만날 때까지, 나의 사명이 무엇인지 알게 될 때까지, 기다리는 것이다.

어떤 것이 진정 나에게 맞는 꿈이고 목표인지 계속 스스로 묻고 성찰해야 한다.

무엇이 내게 삶의 활력을 주고 몰두하게 만드는지 찾아야 한다.

일단 찾았다고 생각했더라도, 아니면 과감히 새로운 꿈을 찾아야 한다.

계속 내면의 소리에 귀를 기울여야 한다.
꿈이나 목표가 객관적으로 보아 타당하고 합리적인지도 검토해야 한다.
하고 싶으면서 잘하는 일인지도 판단해 보아야 한다.
그리고 그 일이 다른 사람이나 사회에 유익한 일인지도 점검해야 한다.
정신과 전문의이자 성장학교 별의 교장인 김현수 씨는 "하고 싶은 일 해 굶지 않아"라는 책 98쪽에서 이렇게 말한다 :

"아이들에게는 실패가 권리예요. 젊은이들에게 실패는 권리죠. 실패는 우리의 권리고 실수는 기회입니다."

어찌 아이들뿐이겠는가?
모든 사람에게 실패는 권리고, 실수는 기회다.
에디슨은 실패를 실패로 보지 않았다.
에디슨에게 한 번의 실패는 안 되는 방법을 한 가지 알아내는 데 성공한 것이었다.
수천 번 실패하면, 안 되는 방법 수천 가지를 알아내는 데 성공한 것이 된다.
자기 사명을 알아내고 자기의 적성과 재능을 살리는 길로 나아가기까지 사실 많은 실패와 실수를 거쳐야 하는 경우도 많다.
모세는 미디안 광야에서 이드로의 양 무리를 치면서 40년을 보냈다.
40세였던 모세는 어느새 80세가 되었다.
이때가 되어서야 사명이 주어진다.
누구에게나 적성이 있고 재능이 있다.

그 적성과 재능이 가치 있는 일을 하는 길로 이어져야 사명이 되는 것이다.
많이 스스로에게 묻고, 내부에서 울리는 소리를 들으려 해야 하고, 주변에서 일어나는 현상이 무엇을 의미하는지 주의 깊게 살펴야 한다.
재능을 찾고 그것을 가다듬고 갈고닦아야 한다.
내가 정말로 하고 싶은 일이 무엇인지 진지하게 묻고 찾아야 한다.
이 과정에서 실수를 하고 실패하는 것은 당연한 일이다.
이런 과정을 생략하고 싶을 것이다.
그러나 이런 과정 없이 내부 인도자의 목소리를 듣고 이해하는 것은 필자의 경험에 비추어 볼 때, 거의 불가능해 보인다.
제대로 된 꿈과 목표를 찾기 위해 삶의 대부분을 보내야 하는 경우도 많다.
그러니 아직 꿈과 목표를 갖지 못했다고 실망할 이유가 없다.
모세에게는 80세가 되어서야 진정한 사명이 주어진다.
사명을 담당할 그릇이 되기 위한 기간이 길었던 것이다.
그러니 아무리 나이를 많이 먹어 이젠 틀렸다는 생각이 들어도, 낙심할 필요 없다.
아직 사명을 모르는 것도 내가 가야 할 유일한 길의 일부분이라고 보면 된다.
'야망을 가져라', '꿈과 목표를 가지라'는 이야기는, 자기 사명을 자기 마음대로 골라 가지라는 말이 아니다.
경쟁의식, 결핍의식에 기초한 꿈이나 목표는 없는 것이 낫다.
사명은 '그 무엇'이 우리 각자를 위해 마련한 것이다.
꿈과 목표를 자의적으로 정하는 것은, 사명을 깨닫는 데 방해가 될 뿐이다.
사명을 찾기까지 더 오래 걸리고 더 많이 방황하게 만든다.
사명을 "이런 것이다"라고 넘겨 짚을 것도 아니다.

"바로 이것이다" 이런 생각이 들 때까지 계속 참고 기다리며 스스로(내부 인도자)에게 묻고 또 물어야 한다.
이미 꿈과 목표를 가졌다고 생각할지라도 그것에 고정되지 말고, 그것이 진정한 꿈이고 목표인지 계속 물어야 한다. 성장하고 발전하면서 꿈과 목표가 바뀌어 갈 수 있다.

실패하고 실수하고 헛다리 짚는 것은 필수불가결해 보인다. 필자의 조언이 되도록 그것을 줄이는 데 도움이 되기를 바란다.

언젠가는 내부에서 솟아나 저절로 흥이 나고, 저절로 열정이 솟고, 저절로 정성을 들이게 되고, 저절로 간절히 바라게 되는 그런 꿈과 목표를 갖게 된다.
그 꿈은 동시에 다른 사람이나 사물에 이익이 되고, 도움을 주는 것이 된다. 섭리에 맞는 꿈이란 바로 그런 꿈이다.
비우고 감사하고, 계속 묻고 기다리면 그런 꿈을 만나게 된다.
그 꿈이 우리를 기다리고 있다.

어렸을 때, 외삼촌들과 거리를 걷다가 길을 잃어버린 기억이 있다.
외삼촌의 바지라고 생각하고 그 바지를 따라 갔는데, 다리가 아파 다 왔느냐고 물으려고, 문득 올려다 보니 낯선 사람의 바지 가랑이를 잡고 있었다.
얼마를 그렇게 갔는지도 생각이 나지 않았다.
그냥 울었다. 어느 분이 울고 있는 나를 경찰 파출소에 데려다 주었다.
얼마 후 외할머니가 찾아와 나를 집으로 데려다 주었다.

잘못된 꿈을 좇아가는 것이 이렇게 길을 잃는 것과 비슷한 것 같다.

꿈과 목표가 없어도, 무엇을 꿈과 목표로 정할지 아직 몰라도 된다.
그냥 하루 하루를 주어진 일과에 의미를 두고, 충실히 행하면서 지내면 되는 것이다.
하루 하루 주어지는 평범한 일과야말로 우리가 충실히 행해야 할 확실한 지금의 사명이다.
아무리 사소해 보여도, 또 다른 사명을 수행하기 위한 중요한 과정이다.
그 사명을 성실히 수행할 때 다른 사명도 주어지는 것이다.

좋은 일자리 따로 없다.
좋은 직업도 따로 없다.
자기에게 맞으면 좋은 직업이고, 좋은 직장이다.
누구에게나 좋은 직장이란 것은 없다.
그렇게 말하면 그건 거짓말을 하는 것이다
이른바 신이 내린 직장이란 것도 겉으로만 그럴 뿐, 속으로 들어가면 겉에서 보이는 것과 전혀 다르다.
내가 싫으면 평양감사도 싫은 것이다.
꿈이나 목표를 갖는 것이 중요한 것이 아니라, 제대로 된 꿈이나 목표를 갖는 것이 중요하다.
그때까지 꿈이나 목표가 없어도 된다.
언젠가는 진정 목표로 삼을 만한 일이 나타날 것이라는 것을 알고, 묵묵히 현재를, 순간을 충실히 살아가는 것이 우리가 지금 할 일이다.

현재 가는 길이 결국 천직으로 연결되는 길이라 여기고, 그것에 어떤 중요한 의미를 부여하고 성실히 수행해 나아가는 것이다.
어떤 일이라도 사소하지 않다.
위대하다고 보이는 것은 그것에 위대하다는 의미를 부여했기 때문이다.
사소하다고 보이는 것은 그것에 사소하다는 의미를 부여했기 때문이다.
우리가 무슨 일을 하든, 우리는 그것에 큰 의미를 부여할 수 있다.
우리가 그 일을 제대로 볼 수만 있다면, 이미 그 일에 큰 의미가 부여되어 있음을 알기 때문이다.
악기 중 가장 작은 악기인 피콜로도 빠져서는 안 된다.
콘트라 베이스는 아무 짝에도 쓸모없이 덩치만 큰 악기 같지만, 멋진 저음으로 다른 악기와 화합하여 훌륭한 연주를 이루어 낸다.
'세 명의 벽돌공 이야기'에 나오는 벽돌공처럼, 평범하게 벽돌쌓는 일을 하면서도 '아름다운 성당을 짓고 있다'고 말할 수 있다.
마틴 루터 킹 2세가 말했다고 한다.
"만약 누군가에게 거리의 청소 일이 맡겨졌다면 미켈란젤로가 그림을 그리듯, 베토벤이 음악을 만들듯, 셰익스피어가 시를 쓰듯 그렇게 거리를 청소해야 한다"
필자는 이렇게 말하고 싶다.
"아무리 평범한 청소부라도 미켈란젤로가 그림을 그리듯이, 베토벤이 음악을 만들듯이, 셰익스피어가 시를 쓰듯이 그렇게 거리를 청소할 수 있다"
필자가 지금 하는 일로 패러디하면 이렇게 된다.
"아무리 평범한 필자라도 미켈란젤로가 그림을 그리듯이, 베토벤이 음악을 만들듯이, 셰익스피어가 시를 쓰듯이 그렇게 책을 쓸 수 있다"

지금 이 글을 읽고 있다면, 이렇게 된다.
"아무리 평범한 독자라도 미켈란젤로가 그림을 그리듯이, 베토벤이 음악을 만들듯이, 셰익스피어가 시를 쓰듯이 그렇게 이 책을 읽을 수 있다"
이 책에 대해서 말하면, 이렇게 된다.
"아무리 평범한 이 책이라도 미켈란젤로가 그림을 그리듯이, 베토벤이 음악을 만들듯이, 셰익스피어가 시를 쓰듯이 그렇게 읽힐 수 있다"

이런 자세로 일하면 어떤 비천해 보이는 일도 즐겁고 보람을 느끼며 한다. 같은 일을 하더라도 돈을 벌기 위해 억지로 일하는 것과는 완전히 다르다.

꿈은 이루어진다. 단지 우리가 제대로 된 꿈을 꾼다면.
목표는 이루어진다. 단지 우리가 제대로 된 목표를 설정한다면.
조그만 겨자씨 안에 이미 겨자로 성장할 가능성이 갖추어 있듯이, 제대로 된 꿈이나 목표는 이미 그 안에 그것을 이루어 낼 가능성을 이미 갖추고 있다.
겨자는 겨자라는 자기 본성을 찾아 겨자로 성장하겠다는 꿈을 꾸기만 하면 된다.
우리도 우리 본성을 찾아 우리 본성을 꽃피우겠다는 꿈을 꾸기만 하면 된다.
재미있는 사실은 제대로 된 목표를 잡으면, 앞서 이야기한 목표의 함정에 빠지지 않는다는 것이다.
제대로 된 목표를 잡으면 목표를 추구하는 과정이 즐겁고, 재미있고 그 과정에서 보람을 느낀다.
과정 자체가 즐겁고 재미있고 거기에서 보람을 느끼면, 목표의 달성 여부는 중요하지 않게 된다.
달성하건 하지 못하건 상관없다.
보람이 있으면 고생도 고생이 아니다.
고생도 즐거울 낙(樂)이 된다.
자학적 낙(樂)이 아닌 가슴 뿌듯한 낙(樂)이다.
이런 자세가 오히려 목표를 달성하게 만든다.
목표의 달성은 이런 자세의 부산물로 주어진다.
주산물은 즐거움, 재미, 보람이다.
이렇게 해서 삶은 기를 써서 이겨야 하는 경주가 아니라 다 함께 즐기는 여행이 된다.

섭리와 바탕 생각

우리 삶에는 뭔가 모를 섭리가 작용하고 있다.
섭리가 우리의 소원보다 우선이다.
어쩌면 섭리는 우리의 소원보다 더 좋은 것을 주고 있는지도 모른다.
우리가 좁은 생각에 그것을 모르고 내가 원하는 다른 것을 달라고 할 뿐이다.
우리는 우리 삶이 제대로 풀리지 않을 때 더 많이 성장한다.
마음이 넓어지고 새로운 안목이 생기고 타인과 세상을 배려하는 마음이 열린다.
우리 삶의 중요한 계기는 거의 우연히 만들어진다.
필자는 그 우연이라는 것이 곧 섭리의 작용이라고 생각한다.
섭리는 우리가 원하는 것에 우선하여 작용한다.

섭리는 우리보다 더 높은 차원에서 때론 우리가 이해하기 어려운 방법으로 작용한다.
나중에 지나고 나서야 그 의미를 알게 된다.
그것이 우리가 원하던 것은 아니었지만, 결국 우리에게 최선의 것이었음을 알게 된다.

우리가 원하는 바에 우선하는 것에는 섭리만 있는 것이 아니다.
마음에 품거나 믿거나 잠재의식에 새기는 것보다 더 근본적인 것이 있다.
그것은 우리의 바탕 생각이다.
바탕 생각이 마음에 품거나 믿거나 잠재의식에 새기려는 것과 다르면, 마음에 품거나 믿거나 잠재의식에 새기려는 것이 받아들여지지 않는다.
바탕 생각이 바뀌지 않으면, 마음에 품거나 믿거나 잠재의식에 새기는 것이 헛수고가 된다.
아무리 마음에 품고, 믿고, 잠재의식에 새기려 해도, 바탕 생각이 모든 것을 되돌려 놓는다.
부자가 되려는 노력 속에는 아직 부자가 아니라는 바탕 생각이 잠재되어 있다.
부자가 아니라는 바탕 생각이 모든 노력을 허사로 만든다.

그런 의미에서 이 책의 목적은 :

    세상을 보는 다른 시각을 제공함으로써,
    독자의 바탕 생각이 바뀌도록 하고

섭리를 이해하고 따를 것을 제안하는 데에 있다고 할 수도 있겠다.

6. 부자로 사는 것이 '그 무엇'의 뜻이다.

여기에 우리가 굳이 부자가 되려고 애쓸 필요가 없는 여섯 번째 이유이자 마지막 이유가 있다.
그것은 우리가 부자로 사는 것이 '그 무엇'의 뜻이라는 것.
이 세상을 펼쳐내고 우리를 이 세상에 보낸 '그 무엇'이 우리가 부자가 되기를 바라고 있다는 것이다.
부자로 사는 것은 기본이라는 것이다.
따라서 굳이 우리가 부자가 되겠다고 애쓸 하등의 이유가 처음부터 없었다는 거다.
오히려 부자가 되겠다는 노력이 '그 무엇'의 뜻을 모르고 무시하는 일이 된다.
내가 내 힘으로 부자가 될 테니, '그 무엇' 보고 빠져 있으라고 하는 꼴이다.
성실한 노력으로 자수성가하는 것을 최고의 미덕으로 여기는 사상이 어느샌가 우리 머리 속에 자리 잡았다.
그러나 '그 무엇'은 모든 것의 모든 것이기에, '그 무엇'을 제쳐두고 우리가 이룰 수 있는 것은 없다.
'그 무엇'의 뜻을 무시하고서 우리가 할 수 있는 일은 사실 없다.
부자가 되겠다는 성실한 노력이 안타깝게도 좌절되는 이유가 여기에 있다.

세상이 공평하지 않아서 그런 것이 아니다.
'그 무엇'이 우리가 부자로 살기를 바라고 있다는 증거를 몇 가지 들어 보기로 한다.

신약성서의 기록

신약성서에는 우리가 걱정 없이 잘사는 것이 하느님의 뜻이라는 말씀이 기록되어 있다.

신약성서 마태복음 6장에는 "무엇을 먹을까, 무엇을 마실까, 무엇을 입을까 하고 걱정하지 말라"는 글이 내가 아는 것만으로도 두 번이나 나온다. 무엇을 먹을까, 무엇을 마실까, 무엇을 입을까 걱정하는 것이 하느님의 뜻을 몰라 주는 행동이라는 것이다.

하늘에 계신 아버지께서는 먹고 마시고 입을 것이 우리에게 있어야 할 것을 잘 알고 계신다는 것이고, 공중의 새와 들꽃이 그 증거로 제시되고 있다.

공중의 새들은 씨를 뿌리거나 거두거나 곳간에 모아 들이지 않아도 하늘에 계신 너희의 아버지께서 먹여 주시며, 들꽃들은 수고도 하지 않고 길쌈도 하지 않지만, 온갖 영화를 누린 솔로몬도 이 꽃 한 송이만큼 화려하게 차려 입지 못하였다고 기록되어 있다.

마태복음 7장에는 다음과 같은 구절이 있다.

"너희 중에 누가 아들이 떡을 달라 하는데 돌을 주며 생선을 달라 하는데 뱀을 줄 사람이 있겠느냐 너희가 악한 자라도 좋은 것으로 자식에게 줄 줄 알거든 하물며 하늘에 계신 너희 아버지께서 구하는 자에게 좋은 것으로 주시지 않겠느냐"(마태 7:9-11)

실제 체험

내려 놓음(이용규 저, 규장 펴냄)이라는 책에는, 내어 맡김으로 풍성해지는 저자 자신의 여러 가지 체험이 담겨 있다.
많은 것을, 내려 놓으면 내려 놓을수록 하나님께서 움직이셔서 가득해졌다고 기록하고 있다.
직접 한번 읽고 확인해 보시기를 강력히 추천한다.

이 세상은 풍요하다.

모든 사람이 부자로 사는 것이 "위대한 그 무엇"의 뜻이라면, 이 세상에 모든 사람이 부자가 될 만큼 풍부한 물질이 있어야 한다.
타당한 근거를 가지고 모두가 부를 누릴 만큼 풍부한 물질이 있다고 주장하는 책이 있다.
폴 제인 필저의 무한한 풍요(Unlimited Wealth by Paul Zane Pilzer)라는 책이다.
이 책은 실질적으로 우리는 무한한 자원을 가진 세상에 살고 있다고 말한다. 그리고 그러한 주장의 근거로 기술의 발전을 들고 있다.
새로운 기술의 발전으로 인하여 새로운 부가 창출되고, 새로운 기술의 등장 가능성은 무한하다는 것이다.
따라서 진정한 경제 성장 가능성은 아직 개발되지 않은 물질 자원에 있는 것이 아니라, 아직 알려지지 않거나, 적용되지 않고 있는 신기술에 달려 있다고 말한다.

전기, 철도, 자동차, 반도체, 소프트웨어, 인터넷, 우주 항공 기술을 비롯한 많은 새로운 기술이 새로운 부를 창출하였다는 것은 분명한 사실인 것 같다.

지금까지는 재화와 자원의 결핍에 기초하여 제로-섬(Zero-sum) 게임으로 경제를 바라보았고, 이런 시각이 수많은 투쟁, 약탈, 전쟁, 정치적 혁명의 원인이 되었다고 말한다.

이제 결핍을 기초로 경제를 보는 시각에서 벗어나야 한다고 주장한다.

"부자 되는 과학적 방법(The science of getting rich, written by Wallace Wattles)"의 제3장에도 같은 맥락의 내용이 있다.

"부의 공급이 부족하기 때문에 가난한 것이 아니다.

모두에게 충분히 돌아갈 만큼의 부가 존재한다.

미국 한 나라에 있는 건물 재료로만 전 세계의 모든 가족에게 워싱턴에 있는 국회의사당만 한 궁궐을 지어 줄 수 있다. 미국에서 집약적 경작으로 모직, 면화, 리넨, 비단, 농작물을 생산하면 전 세계 인구의 의식(衣食)을 해결할 수 있다.

눈으로 헤아릴 수 있는 공급만도 실로 다 쓸 수 없을 정도이며, 눈으로 볼 수 없는 공급은 정말 헤아릴 수 없을 정도다"

생명의 진보에 부(富)가 필요하다

전 항에서 인용한 "부자 되는 과학적 방법(The science of getting rich, written by Wallace Wattles)"의 제3장에는 다음과 같은 내용도 있다.

"우주는 생명과 기능이 충만한 곳을 향해 계속 움직이는 거대한 생물이다. 자연은 생명의 진보를 위해 만들어졌다. 자연의 동기는 생명의 진보이다. 그런 이유로 생명이 붙어 있는 모든 것은 아낌없는 공급을 받을 수 있다. 신이 허락하는 한 공급의 부족은 있을 수 없다"

이 글을 나름대로 해석하면 다음과 같이 된다 :

이 우주는 생명의 진보를 향해 나아가도록 되어 있다.
즉 생명의 진보는 '그 무엇'의 뜻이다.
그러므로 생명의 진보에 필요한 모든 것을 아낌없이 공급하는 것이
'그 무엇'의 뜻이다.

'그 무엇'이 우리를 이 세상에 보낸 것이다.

처음으로 돌아가 우리가 어떻게 태어났는가를 생각해 보면 알 수 있다. 우리의 의지로 태어난 것이 아니다. 우리가 이 세상에 나온 것은 '그 무엇'의 뜻이라고 할 수밖에 없다. '그 무엇'은 이 세상을 펼쳐 놓고, 우리를 이 세상에 불러들인 것이다.
우리는 '그 무엇'에 의해 이 세상에 초대받아 왔다고 보면 어떨까.
초대하는 사람은 초대받은 사람을 위해 온갖 준비를 다 하고 손님을 맞아들인다.
그 존재가 '그 무엇'이라면, 우주의 근원이고 무한 공급의 근원이라면, 틀림없이 철저한 준비를 하고 우리를 초대했다고 확신할 수밖에 없다.

우리가 살아가는 데 필요한 모든 부가 이미 준비되어 있다고 믿을 수 있다.
우리를 이 세상에 초대한 '그 무엇'은 우리가 이 세상에서 부족함 없이 살기를 바랄 것임을 확인할 수 있다.

이상 5가지 증거를 제시하였다.
그런데 한 가지 마음에 짚고 넘어가야 할 것이 있다.
그것은 같은 성서에 있는 글인데도 우리가 부자로 사는 것이 하나님의 뜻이 아니라고 말하는 듯한 구절이 있다는 것이다.
다음의 두 구절이다 :

"낙타가 바늘 귀로 들어가는 것이 부자가 천국에 들어가는 것보다 쉽다."(마태 19:24)
"아무도 두 주인을 섬길 수는 없다. 한편을 미워하고 다른 편을 사랑하거나 한편을 존중하고 다른 편을 업신여기게 된다. 너희는 하느님과 재물을 아울러 섬길 수 없다."(마태 6:24)

첫 구절은 천국에 가려면 부자가 되지 말아야 한다는 의미로 다가오고,
두 번째 인용한 구절은, 하느님을 섬기려면 재물을 섬기지 말아야 한다.
즉 부자가 되려 하지 말아야 한다.
이런 의미라고 여기기 쉽다.

그런데 잘 보면, 첫 구절인 낙타의 비유에 나오는 부자는, 가진 것을 다 팔아 가난한 사람들에게 주라는 예수님의 권유를 받아들이지 못한다.

그는 소유만 많았지 진정한 부자가 아니었던 것이다.

소유만 많은 겉으로만의 부자였다.

가짜 부자였던 것이다.

이런 가짜 부자는 하느님이 아니라, 자기가 가진 부에 의지하여 살아간다.

따라서 자기 소유가 사라지면 큰일 난다. 살아갈 수가 없다.

그래서 예수님의 권유를 받아들이지 못한 것이다.

이런 가짜 부자가 천국에 들어가기는 낙타가 바늘 귀에 들어가는 것보다 어렵다는 이야기다.

"낙타와 부자의 비유"가 아니라 "낙타와 가짜 부자의 비유"라고 해야 적절한 표현일 것이다.

진정한 부자는 자기 소유가 다 없어져도 걱정하지 않는다.

그는 때가 되면 다시 필요한 부가 주어질 것임을 아는 사람이다.

'그 무엇'에 모든 것을 내려놓고 맡긴 사람이다.

진정한 부자에 대해서는 별도의 장에서 자세히 다루기로 한다.

두 번째 구절의 재물을 섬기지 말라는 말씀도, 부자 되려 하지 말라는 의미로 해석하여,

하느님께서 우리가 부자가 되는 것을 금하시고 계신다고 해석할 것이 아니다.

필자는 다음과 같이 해석해야 한다고 생각한다 :

하느님만 섬기면 부(富)는 저절로 따라온다. 따라서 재물을 따로 섬길 필요가 없다.

하느님은 우리에게 필요한 것을 필요한 때에 줄 준비가 되어 있다.
필요한 때에 필요한 것이 주어질 것이다. 그러니 너희가 따로 부자가 되려고 노력할 필요가 없다.

결국 재물을 섬기지 말라는 말씀은 부자가 되겠다는 생각을 버리고 하느님만 섬기라는 말씀이다.
하느님만 섬기면 부자는 자동으로 된다는 말씀이다. 그런데 따로 재물을 섬기면, 하느님을 섬기지도 못하고 따라서 부자도 될 수 없다.
필자의 생각이 이와 다르지 않다.

재물의 의미에 대해서도 별도의 장에서 더 자세히 다루기로 한다.

하느님의 뜻이 우리가 부자로 사는 것이니, 우리가 따로 부자가 되기 위해 노력할 필요가 본래부터 없었다. 그저 그 뜻이 이루어지기를 바라기만 하면 되었다.

지금까지 부자가 되겠다는 생각을 버려야 하는 6가지 이유를 말했다.
요약하면 다음과 같다.

부자가 되기를 바라는 것은 체제의 덫에 걸린 것이다.
　이 체제는 우리에게 부자가 되어야 한다고 하지만, 우리가 실제로
　부자가 되기를 바라지 않는다.

부자는 부자 되려 하지 않는다.
　부자 되려 하는 한 부자가 아니고 부자가 될 수 없다.

부자는 목표가 될 수 없다.
　헛된 목표를 잡고 이루려고 하고 있다.

우리 모두는 이미 부자다.
　부자라는 걸 모르고 있을 뿐이다.

잡으면 삐꾸러진다.
　목표를 잡으면 목표의 함정에 빠진다.

우리가 부자로 사는 것이 '그 무엇'의 뜻이다.
　그러니 우리가 따로 부자가 되기 위해 노력할 필요가 본래부터 없었다.
　부자 되려 하는 것이 '그 무엇'의 뜻을 무시하는 꼴이 돼 버렸다.

자작자수(自作自受)란 말이 있다. 스스로 만들어서 스스로 받는다는 말이다. 우리는 스스로 부자가 아니라고 생각하여, 부자가 아닌 상태를 만들어 놓고, 부자가 아닌 상황에 괴로워하면서, 쓸데없이 부자가 되려고 애쓰고 있다.
부자가 아니라는 생각이 부자가 아닌 현실에 우리를 고정시킨다.
마음에 품거나 믿거나 잠재의식에 새겼다고 다 성취되는 것이 아니다.
스스로 저절로 내부에서 우러나와서 마음에 품고 믿고 잠재의식에 새겨져야 성취된다.

외부에서 집어 넣는 것이 아니라, 내부에서 스스로 우러나야 한다.
내부에서 먼저 우러나와야 한다.
외부에서 집어 넣는 것은, 내부에서 우러나온 것이 잘 성취되도록 만드는 촉매 역할을 할 때에만 그 효력을 발휘한다.
이걸 알아챈 사람들이, 자세가 모든 것을 결정한다는 말을 한다.
그런데 그 자세를 결정하는 것은 바탕 생각이다.
그러니까 모든 것은 바탕 생각에 달려 있다.
바탕 생각이 변화하지 않는다면 아무 변화도 일어나지 않는다.
바탕 생각에서 부를 누릴 자격이 있다고 인정해야 부를 누릴 수 있는 자세가 나온다.
저절로 바탕 생각이 부자로 살도록 자리 잡히게 만드는 방법이 있다.
물 흐르듯 자연스럽게 부자로 떠오르는 방법이 있다.
스스로 자발적으로 일어나서, 아무렇지도 않게 당연하다는 기분으로 부자로 떠오르는 방법이 있다.
이미 부자가 되려 하지 말아야 할 이유를 설명 드리면서, 그 방법이 다 나왔다.
그 방법은 부자로 살기를 바라는 '그 무엇'의 뜻과 조화를 이루며, 이미 부자니까 부자로 사는 것이다.
그 방법을 다시 자세히 다음 장에서 이야기하기로 한다.

우리는 이제 그 방법으로 들어가는 첫 관문을 통과했다.
부자가 되겠다는 생각을 버렸다.

III
...
부자로 살기
[따라서 우리는 이제부터 이미 부자니까 부자로서의 삶을 살면 된다]

1. 부자로 사는 것이 곧 부자 되는 길이다

전 장에서 부자가 되려 하지 말자고 했다.
우리는 부자가 되려 하는 한, 영원히 부자가 될 수 없다는 사실을 알았다.
다행스럽게 부자가 되려 하지 않아도 된다는 것도 알았다.
우리가 이미 부자라는 사실도 알았다.
우리가 이미 부자라고 믿을 만한 근거도 충분히 이해했다.

따라서 우리는 이제부터 이미 부자니까 부자로서의 삶을 살면 된다.
부자로 살면 그만이다.

전 장에서 이야기한 바와 같이, 부자로 사는 것은 '그 무엇'의 뜻이기도 하다. 이미 부자니까, 우리가 부자로 살기 원하는 '그 무엇'의 뜻에 따라 부자로 살면 된다.

보통 우리는 부자 되는 방법이 따로 있고, 그 방법에 의해 부자가 되어야, 부자로 살아갈 수 있다고 믿는다.

따라서 이렇게 믿는다 :

> 부자로 사는 것은, 우선 부자가 되고 난 후에야 할 수 있다.
> 부자 되는 방법과 부자로 사는 것은 따로 떨어져 있는 별개의 문제다.
> 먼저 할 것이 있고, 나중에 할 것이 있다.
> 부자 되는 것과 부자로 사는 것을 동시에 할 수는 없다.

필자가 발견한 중요한 사실은, 부자로 사는 것이 곧 부자 되는 길이란 것이다.

부자로 살면 그 즉시 부자가 되는 것이다.

그것 이외에 따로 부자 되는 방법은 없다.

순간이 모여 영원이 된다.

행복한 순간이 모여 행복한 삶이 된다.

부자의 삶을 사는 순간이 모여 부자의 삶이 된다.

부자로서의 삶을, 목표로 하는 재산을 모은 다음으로 유보한다면, 부자로서의 삶은 영원히 살 수 없다. 목표로 하는 재산을 모으면, 더 큰 재산을 목표로 하게 되기 때문이다.

사람의 욕망이 끝이 없기에, 부자가 아니라는 생각이 굳어져 버렸기에, 유보가 습관이 되어 버리기에.

다행스럽게 이미 밝힌 바와 같이, 우리는 이미 부자니까 지금 당장 부자로 살 수 있다.

부자로 살면서 더욱더 진정한 부자다운 면모를 갖추어 나갈 수 있다.

부자로 사는 것이 곧 부자 되는 길이다.

이미 부자인 것을 알고 부자로 살면 부자인 것이다.

어떻게 사는 것이 부자로 사는 것인지 구체적으로 좀 더 자세히 살펴보기로 한다.

2. 부자 되려는 삶과 부자로서의 삶, 그 근본적 차이

부자가 되려는 사람은 어떻게 해야 많은 것을 내게 끌어당겨서 더 많은 재물을 쌓을 것인가를 생각하고 실천에 옮긴다.

이 사람들은 끌어당김의 법칙을 믿는다.

잠재의식, 상상력, 신념, 계획과 실천을 통하여 자기가 원하는 것을 끌어당길 수 있다고 믿는다.

부자라는 목표의 달성이 관심의 초점이다.

바쁘다. 열심히 일한다.

부자가 되기 위하여 나름대로 빠듯하게 산다.

미래를 위하여 절약하며 자진해서 가난하게 살기도 한다.

잘되어 가는 듯하다가 다시 원위치 되곤 한다.

부자로서의 삶을 사는 사람은 어떻게 하면 자기가 가진 것을 효과적으로 나누고 베풀 것인가를 생각하고 실천에 옮긴다.

이 사람들은 나눌수록 커진다는 법칙을 믿는다.

나에게서 나간 것이 다시 나에게로 돌아온다는 법칙을 믿는다.

자기에게 주어진 것, 자기가 나눌 수 있는 것이 무엇인지, 그것을 효과적으로 나눌 수 있는 방법은 무엇인지가 관심의 초점이다.

시원하게 가진 것을 쓰며 덕을 쌓는다.

부지불식간에 풍요한 삶을 누리게 된다.

부자가 된다기보다 부자로 떠오른다.

3. 부자는 자기에게 주어진 부로 인해 기쁘고 행복하다

이미 태어나면서부터 우리가 무한한 부자라는 것과 우리에게 무한한 가치가 주어졌다는 것을 전 장에서 말했다. 이미 부자라고 했다.

그 말을 진정 받아들였는가? 아니면 아직 실감이 나지 않는가?

우리가 이미 부자라는 사실을 받아들이고 믿고 있는지를 알아볼 수 있는 방법이 있다.

그것은 지금 기쁘고 행복한지의 여부다.

부자라는 사실을 믿는다면 자연적으로 우리 마음이 기쁘게 된다.

우리가 무한한 부자라는 사실과 무한한 부가 주어졌다는 것을 사실로 인정했다면, 기뻐하지 않을 수 없다.

아직 실감이 나지 않는다면 한번 지금 자기가 누리고 있는 것을 나열해 보는 것도 좋을 것이다.

필자가 이야기한 것을 기초로 하여, 지금 현재 우리가 받아 누리고 있는 것의 리스트를 작성하는 것이다.
이 책의 부록으로 나의 자산 리스트를 작성해 실었다.
참고하시어 자기만의 리스트를 작성해 보시기 바란다.
선물을 준비하여 주는 사람은 그것을 받는 사람이 기쁘게 받고 즐거워하기를 바란다.
선물을 받고 기뻐하는 것은 주는 사람에 대한 예의이기도 하다.
선물을 받고 기뻐하는 모습을 보면, 더 주고 싶어진다.
다음 기회에는 좀 더 좋은 선물을 주고 싶은 마음이 든다.
기쁘고 행복해 하는 마음이 또 다른 선물을 불러들인다.
그런데 많은 사람들이 자기에게 어떤 것이 주어졌는지 모르고 있다.
알려고 하지도 않고 있다.
마치 선물을 열어 보지도 않고 발로 차 버리는 꼴이다.
한 술 더 떠 다른 선물을 달라고 애원하고 있다.
'그 무엇'도 애원하고 있다.
제발 내가 너희에게 무엇을 주었는지, 내가 준 선물을 펼쳐 보라고……
필자는 우리 각자에게 주어진 선물을 전 장에서 열어 보여드렸다.
그 선물이 어마어마한 것이란 걸 알려 드리기 위해 많은 이야기를 했다.
이제 우리 각자가 직접 선물을 펼쳐 보고 자세히 살펴보고, 그 의미를 생각해 봐야 할 차례다.
자세히 잘 본다면 당연히 기쁘고 행복하게 된다.
기쁘고 행복해함으로써 우리는 우리가 무엇을 받았는지 잘 알고 있다는 것을 증명하게 된다.
기쁘고 행복해함으로써 우리는 우리가 어마어마한 것을 받았음을 확인하게 된다.
만약 아직 기쁘고 행복하지 않다면, 아직 우리가 무엇을 받았는지 모르고 있다는 뜻이다.
아직 제대로 펼쳐 보지 않았다는 것을 의미한다.

행복이 먼저다

기쁘고 행복해하는 것을 굳이 이야기할 필요가 있을까?
생색내는 건가?
아니다.
자연스런 결과를 가지고 새삼스럽게 이야기해야 할 이유가 있다.
그것은 '행복이 먼저'라는 원리가 있기 때문이다.
우리는 흔히 바라는 것이 이루어져야 행복해진다고 생각한다.
시험에 합격하면, 좋은 대학에 들어가면, 누구나 부러워하는 회사에 취직하면, 승진하면,
높은 연봉을 받으면, 미남/미녀라면, 사랑하는 사람과 결혼하면, 건강을 되찾으면……
이런 식으로 무언가가 이루어지면 행복할 것으로 생각한다.
이런 생각 때문에 바라는 것이 이루어지기 전까지는 행복하지 못하다.
그런데 고개 넘어 또 다른 언덕이 있듯이 하나의 바람이 이루어지면 다른 바람이 나타난다.
행복은 순간에 지나고 다시 불행한 상태로 돌아간다.
그래서 삶의 대부분을 행복하지 못한 상태에서 보내게 된다.

그런데 문제는 행복하지 못한 상태에서는 바라는 것도 잘 이루어지지 않는다는 것이다.
학자들이 발견한 바에 의하면 행복이 행복을 부른다고 한다.
먼저 행복해야 행복한 결과를 만들어 낸다는 말이다.
먼저 행복해야 바라는 것도 이루어진다는 것이다.
필자는 우리 각자가 기쁘고 행복할 수 있는 비결을 알려드렸다.
이미 많은 것을 받았음을 깨닫고 실감하는 것이 그 비결이다.
각자 받은 것을 헤아려 보면 더 분명해질 것이다.
로또 1등보다 더 어마어마한 것을 이미 받았다는 것을 알게 된다.
그렇게 되면 있는 그 자리에서 있는 그대로, 기쁘고 행복할 수 있다.
이것이 부자로 사는 비결 중의 하나다.
부자는 이미 자기가 받아 누리는 것에 기뻐하고 행복해 한다.
다른 부자 되는 책에서는 부자가 되기 위해서는 부정적 상황이 벌어져도 긍정적으로 생각하고, 기쁘지 않아도 기뻐하고, 웃고 싶지 않더라도 웃으라 한다.
이런 억지 긍정, 억지 기쁨, 억지 웃음은 오히려 스트레스가 될 것 같다.
필자가 말하는 것은 그런 억지가 아니다.
기쁘고 행복할 충분한 이유와 근거가 있기에, 필연적으로 기쁘고 행복한 것이다.
짐짓 꾸며서 그렇게 하는 것이 아니다.
바울도 이미 자기가 많은 것을 받아 누리고 있다는 사실을 알았던 것 같다.
그는 데살로니가전서 5장 16절에서 이렇게 말했다 :

"항상 기뻐하라"

4. 부자는 자기에게 주어진 부에 감사한다

우리가 부자라는 사실을 믿는다면 기쁠 뿐만 아니라, 자연스럽게 감사하게 된다.
우리가 무한한 부자라는 사실과 무한한 부가 주어졌다는 것을 사실로 인정했다면, 그것에 대해 감사하는 마음이 드는 것은 당연한 일이다.
감사한다는 것은 우리가 무한한 부자라는 것과 우리에게 무한한 부가 주어졌다는 사실을 인정하고 믿는다는 것을 나타낸다.
감사로써 그 사실을 확인하고, 확인했음을 표현하는 것이다.
이렇게 함으로써 우리가 무한한 부자라는 것과 우리에게 무한한 부가 주어졌다는 사실이 더욱더 확고해진다.
우리가 부자라는 것이 우리의 바탕 생각으로 확고히 자리 잡게 된다.
무한한 부자, 진정한 부자로 사는 삶은 감사로 시작된다.
아직 이미 부자라는 실감이 나지 않을 수도 있다.
실제로 현실에서 달라진 것은 아무것도 없으니까.
내 이야기를 그저 구름 잡는 이야기로 치부해 버릴 수도 있다.
그렇지만 우리에게 이미 많은 것이 주어졌다는 사실은 인정할 수 있을 것이다.
그것만이라도 좋다. 이미 많은 것이 주어졌음에 감사하자. 그것으로 시작이다.
감사하기 시작하는 작은 행동이 부자로 사는 첫 걸음이다.

진정한 부자는 감사하는 사람이다

진정한 부자, 행복한 부자는 자기가 이미 많은 것을 받아 가지고 태어났다는 것을 깊이 알고 그것에 감사한다.
받은 것을 몰랐다면 상관없을 수도 있겠지만, 알았다면 그것에 감사하는 것이 도리다.
감사하지 않으면 배은망덕이다.
우리 마음은 다행스럽게, 많은 것을 받아 누리고 있다는 것을 알면 저절로 감사하게 되어 있다.
깊이 알면 알수록 더 깊이 감사하게 된다.
감사는 우리가 많은 것을 누리고 있음을 확인하는 행위다.
진심으로 감사만 실천하여도 풍요로운 삶을 누리게 된다.

"초점을 맞춘 것은 증대한다"는 법칙이 있다.
이 법칙에 따라, 받아 누리고 있는 것에 초점을 맞추면, 받아 누리고 있는 것이 커진다.
받아 누리고 있는 것에 초점을 맞추려면, 받아 누리고 있는 것에 감사하면 된다.
따라서 감사하면 더 많은 것을 받아 누리게 된다.
더 많은 것을 받아 누리는 비결은 이미 받아 누리고 있는 것에 감사하는 것이다.
감사는 없는 것보다 있는 것에 초점을 맞추게 만든다.
반면 불평은 있는 것보다 없는 것에 초점을 맞추게 만든다.

불평하는 대신 있는 것에 감사해야 할 이유가 여기 있다.
컬러 배스(color bath) 효과란 것이 있다.

무언가를 마음에 두면, 마음에 둔 것이 유난히 더 눈에 들어오는 효과가 있다는 것이다.
가토 마사하루씨의 〈생각의 도구/에이지21〉에 소개된 개념이라고 한다.
"컬러 배스(color bath) 효과"를 예를 들어 설명해 보면 다음과 같다.

예를 들어 아침에 일어나, "오늘 하루 동안 빨간색을 몇 개나 볼 수 있을까?"
이렇게 생각을 하고 집을 나서면, 이 세상에 빨간색이 이렇게 넘쳐나고 있었나 싶을 정도로, 우체통, 빨간 글씨의 간판, 빨간 꽃 등 많은 빨간색이 눈에 띈다.
하룻밤 사이에 빨간색이 갑자기 늘어난 것도 아닐 텐데……
이렇게 되는 이유는, 무언가를 마음에 두면 그것이 유난히 더 눈에 들어오기 때문이라는 것이다.

우리 일상 생활에서 이런 사례를 자주 접하게 됨을 알 수 있다.

무언가 이루고자 하는 것이 있으면, 그것에 관련된 정보가 더 많이 보이고 들어온다.
책을 읽을 때도, 얻고자 하는 정보를 의식하고 읽으면 그 정보와 관련된 구절이 더 눈에 잘 뜨인다.

새 차를 사고 나면, 그 차와 같은 모델의 차량이 유난히 많이 보인다.
이 효과가 나쁜 쪽으로 작용할 수도 있다.
어떤 사람을 미워하기 시작하면, 미운 것만 더 보이고, 그 사람과의 관계가 회복되지 못할 수도 있다.
불평하기 시작하면, 불평할 것이 더 많이 보이고, 따라서 불평에서 헤어나지 못할 수도 있다.
부족한 것 모자란 것만 보면 부족한 것, 모자란 것이 점점 더 많이 보인다.
부족하고 모자란 것에서 헤어날 수 없다.
자기가 스스로 자기를 가두는 꼴이 된다.
스스로 가둔 것은 스스로 풀 수도 있다.
컬러 배스(color bath) 효과를 반대로 작용하게 하는 것이다.
누군가가 미우면, 그 사람의 좋은 점을 의식적으로 보려고 하면 된다.
좋은 점이 보이기 시작하면 점점 더 좋은 점이 눈에 들어온다.
불평하는 대신 감사하기 시작하면, 감사할 것이 점점 더 많아진다.
있는 것, 누리는 것, 여유와 풍요를 의식하고 그것에 주의를 기울이면 풍요로운 삶으로 가는 새로운 길이 열린다.

이미 우리가 많은 것을 지녔음을 알고 감사하기 시작하면, 점점 더 많은 것을 누리고 있음이 보이고 더 깊이 감사하게 된다.

다음과 같은 성경 구절이 있다.
"가진 사람은 더 받을 것이요. 가지지 못한 사람은 그 가진 것마저 빼앗길 것이다"(마가복음 4:25)

이 구절은 언뜻 보면, 요즘 한참 사회적 문제로 대두되고 있는 "빈익빈 부익부"를 말씀하시는 것으로 보인다. 그러나 "컬러 배스(color bath) 효과"를 토대로 해석해 보면 다음과 같이 된다.

"가진 사람"이란, 자기가 지금 가지고 있는 것을 인식하고 인정하는 사람이다.

아무리 경제적으로 궁핍하고, 오히려 적자인생인 사람도 지금 가지고 있는 것을 인식하고 인정하는 순간부터 "가진 사람"이 된다.

아무리 경제적으로 궁핍하고, 오히려 적자인생인 사람도 이미 가진 것, 누리고 있는 것에 초점을 맞추어 보기 시작하면 "컬러 배스(color bath) 효과"에 의하여 이미 많은 것을 받아 가지고 누리고 있음을 보게 된다. 그리고 점점 가진 것이 더 많이 보이게 된다.

다시 말해, 자기가 지금 가지고 있는 것을 인식하고 인정하게 되고, 그런 인식이 더 커진다.

결국 "가진 사람"이 되는 것이다. 따라서 더 받게 된다.

"가지지 못한 사람"은 지금 자기에게 없는 것을 보고, 있는 것을 인정하지 않는 사람이다.

아무리 경제적으로 풍족하고, 번영을 누리고 있더라도 부족한 것, 없는 것만 인식하고 인정하는 순간부터 "가지지 못한 사람"이 된다.

아무리 경제적으로 풍족하고, 번영을 누리고 있더라도, 없는 것, 부족한 것에 초점을 맞추어 보기 시작하면, "컬러 배스(color bath) 효과"에 의하여 없는 것, 부족한 것을 보게 된다. 그러면 없는 것, 부족한 것이 점점 더 크게, 더 많이 보이게 된다.
결국 "가지지 못한 사람"이 되는 것이다. 따라서 가진 것마저 빼앗기게 된다.

감사하는 것은 자기가 지금 갖고 있는 것을 인식하고 인정하는 사람, 즉 가진 사람임을 나타내는 증표다.
갖고 있음을 알기에 감사하는 것이다. 감사하면 갖고 있다고 인정하는 것이 된다.

여기서 중요한 두 가지 원리를 발견하게 된다.

첫 번째 원리는 아무리 사소한 것이라도 이미 많은 것을 받아 누리고 있는 것에 감사하기 시작해야 한다는 원리다.
두 번째 원리는 감사하기 시작하면 감사할 것이 더 많이 보이고 가진 사람이 되어 더 많은 것을 받게 된다는 원리다.

감사는 우리를 가진 사람이 되도록 해 줌과 동시에, 갖지 못한 사람이 되는 것을 방지해 준다.
계속 가진 사람으로 남게 해 준다. 더 많은 것을 받게 해 준다.

진정한 부자는 자기가 현재 가지고 누리는 것에 감사하는 사람이다.
전 장의 이미 부자라는 항에서 언급한 것 이외에도 우리는 실로 많은 것을 부여받았고 가지고 누리고 있다.

우리는 감사함으로써 진정한 부자로서의 삶을 살게 되는 것이다.

이미 많은 것을 받아 가지고 있음을 확실히 알고 있는 우리는 감사하지 않을 이유가 없다.

진정한 부자가 되지 않을 수 없다.

진정한 부자로 남지 않을 수가 없다.

감사의 상승효과

감사에 마음의 초점이 맞춰지면, 감사할 일이 많아진다.

감사할 일이 많아지면 감사하는 마음이 더욱 깊어진다.

감사하는 마음이 더욱 깊어지면 감사할 일이 더욱더 많이 보이게 된다.

다시 감사하는 마음이 더욱 깊어진다.

이렇게 해서 감사하는 마음과 감사할 일이 서로 상승작용을 일으켜, 감사하는 마음은 더욱 깊어지고, 감사할 일은 점점 더 많아진다.

이것을 필자는 '감사의 상승 효과'라고 부른다.

이러저러한 것을 받아 누리고 있다고 감사하다 보면, 받아 누리고 있는 것에 초점이 맞춰진다.

이렇게 해서 받아 누리고 있는 것에 초점이 맞춰지기 시작하면 "감사의 상승효과"가 발동된다.

받아 누리고 있는 것이 많아지면 더 감사하고, 더 감사하면 받아 누리는 것이 더 많아지고……

결과적으로 없다, 부족하다는 의식에서 벗어나게 된다.
대신 풍성하다는 의식이 자리 잡기 시작한다.
그런데 이것은 인위적으로 만들어진 의식이 아니다.
감사하는 마음에 의해 저절로 자리 잡힌 의식이다.

이렇게 '있다, 풍성하다'는 의식이 자연스럽게 자리 잡히면 그 의식이 현실화된다.
이렇게 해서 받아 누리고 있는 것에 감사하는 사람은 더 얻어 풍성하게 된다.
감사하다 보면 마음이 밝아지고 저절로 행복해진다.
밝고 행복한 마음은 바로 바라던 바가 이루어졌을 때의 감정 상태다.
많은 사람들이 목표를 이루려면, 그 목표가 이루어졌을 때의 기분을 미리 느끼고 유지하라고 한다.
행복이 성공을 불러온다고 한다.
감사하면 저절로 그렇게 된다.
감사하는 마음은 곧 긍정적 마음이다.
감사하면 저절로 긍정적 마음자세를 갖게 된다.
긍정적으로 생각하고 긍정적 태도를 갖게 된다.
감사하면 인간관계도 좋아진다.
상대방에 감사하면 상대방이 내 편이 된다.
감사하다 보면 모든 사람이 은인이라는 사실을 문득 깨닫는다.
우리가 조금 전에 먹은 밥만 봐도 그렇다.
쌀로 밥을 지은 사람부터 시작하여 무수한 사람의 기여로 우리에게 밥이 제공된 것이다.

벼가 자라 결실을 맺어야 쌀이 되고, 벼가 자라려면 태양과 공기와 물과 흙이 있어야 한다. 무수한 사람뿐만 아니라 지구와 지구를 둘러싼 환경 전체가 동원된 것이다.

모든 사람, 나를 둘러싼 환경 전체가 감사의 대상이 된다.

모든 것에 감사하면 적이 있을 수 없다. 감사에는 적이 없다.

조은 그룹 김승남 회장님 말씀대로 감사 무적이다.

성공의 비결, 부자 되는 비결에서 이야기하는 풍요의식, 밝고 긍정적 마음, 행복한 마음, 좋은 인간 관계 등이 감사 하나로 다 이루어진다.

그 기초는 이미 부자로서 많은 것을 누리고 있다는 사실을 인식하는 것이다.

감사하다 보면

감사에는 4가지가 있다. 감사하다 보면 이 4가지의 감사를 두루 경험하게 된다.

처음에는 그저 감사할 일이 생기면 그때 잠시 감사하는 것에 그쳤다.

누가 선물을 준다든지, 바라던 것이 이루어졌다든지, 어떤 사람이 나를 친절히 대했다든지, 이런 경우에만 잠시 감사했다.

이것을 나는 '잠시 감사'라고 부른다.

당연히 감사할 것에만 감사하고 그 후 얼마 지나지 않아 잊어버리는 감사니까.

성공의 비결, 내지는 부자 되는 비결을 공부하다 보면 감사하는 것을 배우게 된다.

성공의 비결, 내지는 부자 되는 비결로서의 감사는 바라는 것이 이미 이루어졌다고 여기고, 미리 감사하는 것을 말한다.

이렇게 성공과 부자가 되기 위한 도구로 미리 감사하는 것을 나는 '미리 감사'라고 부르고자 한다.

대부분의 사람들은, '잠시 감사', '미리 감사', 이 두 가지의 감사만을 알고 지낸다.

그런데 우리는 이제, 이미 부자라는 사실을 발견함으로써 새로운 차원의 감사를 발견하게 되었다.

우리에게 원래부터 주어진 것, 우리가 누리는 것에 대해 알게 되고, 그것에 감사하게 된 것이다.

이런 감사는 마음에서 우러나오는 진정한 감사다.

인위적으로 뭔가를 노리고 감사하는 "미리 감사"와는 차원이 다르다.

그래서 필자는 이것을 '진짜 감사'라고 부른다.

'진짜 감사'를 발견하면, 진짜로 감사할 일이 많아진다.

감사할 일이 많아지면 새로운 시야가 열린다.

어떤 처지에서든 감사해야 한다는 것을 이해하게 된다.

이것을 나는 '항상 감사'라고 부른다.

잠시 감사, 미리 감사, 진짜 감사, 항상 감사, 이렇게 감사에는 4가지가 있다.

항상 감사에 대해서는 잠시 후에 자세히 다루기로 한다.

새로운 안목, 넓어진 시야

무엇보다도 놀라운 감사의 효과는, 새로운 안목이 생기고 시야가 넓어지는 것이다.

오프리 윈프리는 "감사하기를 배우면 새로운 세계가 열린다"고 했다.

감사할 일이 많아지면, 불평할 일도 자연히 줄어든다.

불평할 일도, 감사의 눈으로 보기 시작하면서, 불평하지 않고 감사하게 된다.

불평할 일도 그 이면을 보면, 감사할 일이라는 것이 차츰 보이기 시작한다.

불평할 일에, 불평하지 않고 그냥 참기만 하면, 오히려 스트레스가 된다.

하지만 불평할 일의 이면을 꿰뚫어 보고 그것에 감사하면, 스트레스도 받지 않으면서, 불평도 하지 않게 된다.

겉으로 볼 때, 불평할 일에 불평하지 않는 것은 똑같지만, 내적으론 둘 사이에는 큰 차이가 있다.

감사로 인해, 불평할 일을 보는 새로운 안목이 생기는 것이다.

그 결과 스트레스를 덜 받게 되고, 불평할 일도 감사할 일로 바뀐다.

고난과 고통, 고통을 주는 상황, 이런 것을 축복으로 여길 수도 있게 된다.

고난과 고통에는 다 이유가 있다는 걸 보게 되는 것이다.

내가 발견한 고난, 고통의 이유는 두 가지다.

첫째 이유는 우리가 잘못된 길을 가고 있다는 경고로서 우리를 바른 길로 이끌기 위한 것이다.

두 번째 이유는 우리를 단련시켜 더 큰일을 하도록 만들기 위한 것이다.

"하늘이 장차 그 사람에게 큰 사명을 주려 할 때는 반드시 먼저 그의 마음과 뜻을 흔들어 고통스럽게 하고, 그 힘줄과 뼈를 굶주리게 하여 궁핍하게 만들어 그가 하고자 하는 일을 흔들고 어지럽게 하나니 그것은 타고난 작고 못난 성품을 인내로써 담금질을 하여 하늘의 사명을 능히 감당할 만하도록 그 성품과 능력을 키워 주기 위함이다"

이렇게 말한 맹자의 말, 그대로다.

항상 감사

고난과 고통이 우리를 바르게 하거나, 성장하게 만드는 것이라고 이해한 다면 우리는 그것을 축복이라고 여길 수 있다.

하나님을 믿는 사람이라면, 하나님이 우리를 사랑하니, 우리에게 좋은 것, 필요한 것만 주신다. 따라서 고난과 고통도 나에게 좋고 필요한 것이라서 주어진 것이다. 이렇게 생각하게 된다.

그러면 고난과 고통이 축복으로 된다.

어떤 경로를 통하든, 고난을 축복으로 이해하게 되면, 시야가 넓어진 것이다.

그렇게 되면 고난과 고통을 주는 사람이, 고난과 고통이라는 축복을 주는 사람이니, 은인으로 변한다.

전엔 원수로 여겼는데, 이제 은인이 된 것이다. 이렇게 되면, 감사의 마지막 단계, "항상 감사"가 가능해진다.

모든 사람에 감사할 수 있는 기초가 마련된다.

이것으로써, 새로운 안목이 생기고 새로운 시야가 열린 것을 확인할 수 있다.

이렇게 생긴 새로운 안목이 열리고 시야가 확대되면, 과거에 대한 회한과 후회가 줄어든다.

과거에 대한 집착을 덜고, 미래에 대한 걱정도 없앨 수 있다.

그리고 축복과 또 다른 축복인 고난을 통하여 나를 이끄는 뭔가 모를 섭리가 있음을 발견하게 된다. 지나온 인생을 이해하게 된다.

과거에 후회하고, 불평하고, 한탄하기도 했지만, 그것이 우리에게 맞는 최선의 삶이었다.

그럴 수밖에 없는 이유가 있었다.

이렇게 인정하게 된다.

지난 날에 대한 회한이 없을 수 없겠지만, 그것에 미련을 갖지 않게 된다.

우리를 최선으로 이끌어 주는 섭리에 감사하게 된다.

심지어, 지금 생각해 보면, 그때 우리 생각대로 되지 않은 것이 천만다행이라고 여겨지는 일도 있게 된다.

필자의 경험을 이야기하면 이렇다.

필자는 되도록 일찍 부자가 되고 싶었으나, 그렇게 되지 못했다.

그런데 지금 생각해 보면 그것이 정말 다행이라는 생각이 든 것이다 :

젊어서 일찍 부자가 되지 않았기에, 영문도 모른 채, 원리도 파악 못하고, 부자가 되는 것을 피할 수 있었다. 그 결과 확실히 부자가 되는 원리를 알게 된 것이다.

그리고 얼치기 부자가 겪어야 할 고난도 피할 수 있었다.

애플사의 스티브 잡스는 이것을 점의 연결이라고 표현했다.

서로 떨어져 존재하는 점과 같이, 전혀 관계없을 것 같았던 각각의 사건들이 나중에 보니, 서로 연결이 되면서, 어떤 의미를 갖게 되더라는 것이다.

자기가 설립한 회사에서 자기가 스카우트한 사람에 의해 쫓겨나는 수모를 겪은 것도 나중에 보니, 자기 인생에서 가장 큰 축복이었다고 그는 술회하고 있다.

또한 그는 학교를 중퇴함으로써 서체학 강의를 듣게 되었고, 그 결과 개인용 컴퓨터가 다양한 서체를 갖게 되었다고 말한 바 있다.

이와 같이 섭리는 우리도 모르는 사이에 우리 삶을 이끌어 가고 있다.
더욱 놀라운 것은 섭리가 이렇게 우리의 밖으로만 작용하는 것이 아니라는 사실이다.
어느 날 문득, 우리가 살아 움직이는 것도 섭리의 작용임을 인식하게 됐다.
내 몸에도 섭리가 작용하고 있었다.
우리가 호흡함으로써 산소가 우리 몸의 모든 세포에 전달되는 것도 섭리의 작용이었다.
먹은 음식이 소화되어 우리의 에너지가 되기도 하고 우리 몸의 일부가 되기도 하는 것도 섭리의 작용이었다.
우리가 아무리 애써도 머리카락을 자라게 할 수 없고 손톱도 자라게 할 수 없다.
머리가 자라고 손톱이 자라는 것도 섭리의 작용이었다.
우리는 한시도 섭리를 떠나서 살 수 없었다.
섭리가 우릴 떠날 수도 없는 것이었다.
다만 우리가 섭리를 모르거나 무시하거나 주의를 기울이지 않고 있을 뿐이었다.
우리는 우리 몸에 작용하고 있는 섭리를 그냥 원래 그런 거라며 지나쳤다.

만사형통

과거나 미래에 대한 회한과 걱정에서 벗어나게 되면, 자연스레 한 사건 사물에 대한 시야가 시간적으로도 확대된다. 그래서 만사형통의 수준에 도달하게 된다.

"좋은 것은 좋아서 좋고

나쁜 것은 다음에 좋은 것을 불러오기에 좋다.

그러니 다 좋다, 즉 만사형통이다"

이렇게 생각하는 수준에 이르면 저절로 만사형통이 된다는 말이다.

자아의 확장

자아에 대한 인식에도 변화가 찾아온다.

내가 내 힘으로 산다, 스스로 노력해서 얻은 것만이 가치가 있다, 자수성가만이 진짜 성공이다. 이런 자기 중심적 사고에서 벗어나게 된다.

내가 단 한순간도 홀로 존재할 수 없다는 것을 인식하게 된다.

꼬리에 꼬리를 물고 내가 온 우주와 연결되어 있다는 것이 보인다.

모든 것이 모든 것과 연결되어 있다는 것이 보인다.

그렇게 보니, 나와 연결된 모든 것 덕에 내가 삶을 영위하고 있다는 것을 알 수 있다.

우주 전체가 내 삶을 떠받치고 있다는 생각이 드는 것이다.

생각이 여기까지 이르게 되면 모든 존재에 감사하게 된다.

어떤 처지에서든 감사할 수 있게 되고, "항상 감사"가 더욱 깊어진다.

실패와 고난을 바라지는 않지만, 실패와 고난이 필요하다는 것을 알게 된다.

그래서 우리가 원하는 대로 다 될 수 있다는 말에 더 이상 현혹되지 않는다.

한 번의 성공을 위해 수많은 실패를 딛고 일어서야 한다는 것을 알고, 실패 없이는 성공도 없다는 것을 이해하게 됐기 때문이다.
여기까지 오게 되면 자기가 원하는 대로 이루어지기를 바라는 것이, 얼마나 치기 어린 주문인지를 알게 된다.
믿기만 하면 산도 움직일 수 있다. 그러니 원하는 것을 이미 얻었다고 믿어라, 그러면 이루어진다는 식의 주장이 얼마나 어리석은 것인지 알게 된다.
우리는 하는 일마다 잘되고, 모든 소원이 이루어지고, 부자로서 안락하고 풍요로운 삶을 바란다. 꿈 리스트에 실패나 가난이나 고난을 적지는 않는다. 그래서 아마도 인생은 우리가 원하는 대로 흘러가지 않게 되어 있나 보다.
인터넷에서 만난 작자 미상의 글을 소개한다.

힘을 달라고 했다.
신은 나에게 고난을 주었다. 나를 강하게 만드는.

용기를 달라고 했다
신은 나에게 극복할 위험을 주었다.

좀 봐 달라고 했다.
신은 나에게 기회를 주었다.

내가 원했던 어떤 것도 받지 못했다.
그러나 내게 필요한 모든 것을 받았다.
내 기도는 응답받았다.

(I asked for strength

God gave me difficulties to make me strong.

I asked for courage

God gave me dangers to overcome.

I asked for favours

God gave me opportunities.

I received nothing I wanted

But everything I needed.

My prayers have been answered)

인터넷에서 만난 Klaus Joehle의 말을 듣고, 하는 일마다 잘되고, 모든 소원이 이루어지는 세상이야말로 사실은 지옥이라는 생각을 하게 됐다.

축구에서 골인 되는 순간, 절로 환호가 터져 나오는 것은 그만큼 골이 들어가기 어렵기 때문이다. 완벽한 슛조차 수비수 내지는 골키퍼가 선방하면 골인으로 이어지지 않는다.

한편 이와 반대로 골이 쉽게 자주 들이기거니, 이려움 없이 들이가면 그만큼 우리의 환호와 감격은 적어지리라 생각된다.

이길지 질지 모르고 조마조마해야 재미있다.

바둑에서 9단과 18급의 경기는 두지도 않거니와 아무도 보는 사람이 없다.

당구나 골프에서 아무렇게나 쳐도 다 잘 맞는다면 칠 기분이 날까?

아무리 잘 치려고 자세를 갖추고 정신을 집중해서 쳐도 뜻대로 잘되지 않을 때도 있으니까, 칠 기분도 나고, 생각대로 됐을 때, 감격의 환호성을 지른다.

가끔은 생각지도 않게 공이 맞아 즐거워지기도 한다.
그래야 재미있다.
다이아몬드가 지천으로 깔려 있다면, 그 가치가 지금 같이 높을까?
가치 있으려면, 귀해야 한다.
언뜻 내 뜻대로 다 되면 그곳이 천국일 것 같지만, 따라서 우리 모두가 그렇게 되기를 소원하지만, 사실 그곳은 김빠진 맥주 같은 세상이다.
감동도, 스릴도 없고, 의욕이 사라진 무기력한 세상.
본 영화를 다시 보는 듯한 세상이다.
이 세상에 지옥이 있다면, 그곳은 역설적으로 내 뜻대로 다 되는 곳이다.

'그 무엇'의 섭리

이런 경험들을 거치면 결국 이 세상엔 뭔가 모를 커다란 섭리가 작용하고 있다는 인식에 이르게 된다.
내 생각대로 되지 않은 것에는 이유가 있었다. 바로 그 섭리대로 되어야 했기 때문이었다.
섭리대로 되는 것이 나에게 가장 좋은 결과를 가져오는 것이었다.
이렇게 생각하게 되는 것이다.
어떤 일이 벌어지든 그 안에 섭리가 작용하고 있다.
내 몸에도 섭리가 살아 움직이고 있다.
내 몸을 잘 보면 섭리를 알 수 있다.
그래서 "내 몸이 스승"이라 한다.
"내 몸이 스승입니다(현유 지음, 계백 출판)"라는 제목의 책도 있다.

내 몸에서 일어나지만, 내가 하는 일이 아니라 저절로 일어난다.
내 안에 그 무엇보다도 가까이 섭리가 작용하고 있다.
그 섭리를 떠나서는 한시도 살 수 없다.
그 섭리는 나만이 아니라 모든 사람 안에서 작용하고, 모든 생물 안에서 작용하고 있다.
우주 전체도 섭리에 의해 운행되고 있다.
운석 하나가 잘못해서 지구와 충돌해도 지구의 모든 생명이 사라질 수 있다.
다행스럽게도 수많은 행성, 별들이 법칙에 의해 충돌 없이 안전하게 돌아가고 있다.
이것도 섭리의 작용이다.
우리가 누리는 모든 것, 모든 축복이 섭리의 작용이다.
섭리는 내 안뿐만이 아니라 우주 전체에서 작용하고 있다.
모든 존재가 그 섭리 안에 있다.

섭리의 근원인 '그 무엇'

섭리를 보게 되면 자연 섭리의 근원이 되는 '그 무엇'을 다시 인식하게 된다.
우리가 누리는 모든 것, 모든 축복에 감사하면 할수록 '그 무엇'에 더욱 감사하지 않을 수가 없다.
새로운 안목이 생기고, 시야가 넓어지니 다음과 같은 일이 벌어진다 :

원수가 은인이 되니, 모든 사람에게 감사하게 된다.
자아가 확장되고, 모든 존재 덕에 살고 있음에 눈떠, 모든 존재에 감사하게 된다.
고난이 축복이 되니, 미래에 대한 걱정이 사라진다.
'그 무엇'의 섭리를 인식하고, 과거에 대한 회한이 사라진다.
섭리대로 되는 것이 가장 좋은 것이고 생각하게 된다.

그리고 진짜 중요한 것, 이 모든 것의 근원이 되는 '그 무엇'에 진심으로 감사하게 된다.

5. 부자는 자기가 가진 것을 베푼다

지금까지 진정한 부자의 삶이 어떤 것인지에 대해 두 가지를 이야기했다. 기뻐하는 삶과 감사하는 삶이 그것이다. 여기에서는 베풀고 나누는 삶에 대해 이야기한다. 진정으로 감사하고 있다면 자연히 베풀고 나누는 삶을 살게 된다. 기뻐하고 감사하기만 한다면 반쪽 부자다. 베풀고 나누는 삶에 의해 진정한 부자의 나머지 반쪽이 채워진다.

진정한 부자는 자기가 가진 것을 베푸는 사람이다

진정한 부자는 자기가 가진 것을 다른 사람과 나누는 사람이다.
아무리 경제적으로 궁핍해도 베푸는 사람은 진정한 부자다.
사실 그 사람이 진짜 부자다.

감사가 깊어지면 모든 사람, 모든 환경이 감사의 대상이 된다고 했다.

감사의 대상에게 그 은혜를 갚고자 하는 것은 당연한 일이다.
갚고자 해도 갚을 것이 없다면 참으로 안타깝다.
그러나 다행스럽게도 누구에게나 아무리 지금 현재 경제적으로 궁핍해도, 은혜를 갚을 수 있는 것이 있다.
커다란 미소, 따뜻한 말 한마디, 바라는 것 없이 친절하게 대하기 등등 할 수 있는 일이 많다.
은혜를 갚을 길이 없다고 한탄할 일이 아니다.
우리가 가진 것을 베푸는 것이 곧 은혜를 갚는 길이다.
이미 우리는 부자로서 많은 것을 누리고 있다고 했다.
불경에 의하면 재산이 없더라도 베풀 수 있는 것, 7가지가 있다고 한다.
이른바 "무재칠시"다.
누구나 지금 당장, 불경에 나오는 "무재칠시(無財七施)"를 시작할 수 있다.
모든 사람이 은인이니 모든 사람에게 무재칠시를 하면 된다.
무재칠시의 습관이 붙으면, 행운이 따른다고 불경은 적고 있다.

일본에서는 한 거물급 연예인의 고백으로 화장실 청소가 은밀히 각광을 받고 있다고 한다.
'우주은행'(우에니시아키라 지음, 한나 옮김, 지향 간)이라는 책의 머리말에 나오는 이야기다.
그 연예인은 하는 일마다 좋은 일이 가득했는데, 굳이 그 이유를 대라면 30년간 계속해 온 화장실 청소라는 것이다.
그것 말고는 딱히 떠오르는 것이 없다는 것.
화장실에서 볼일만 보고 나오는 것이 아니라 변기를 잘 닦아 깨끗하게 정리해 놓고 나왔다고 한다.

가끔은 옆 칸의 변기까지 닦고 나왔다는 것이다.

이런 행동이야말로 다음 화장실을 쓸 사람을 위한 배려자 베풂이라 하겠다.

이철환 씨가 쓴 '못난이 만두 이야기'에는 직장 동료들의 구두를 닦아 줌으로써, 작업장에서 행정 부서로 발령을 받고, 거기서 대학입시를 준비해 대학에 들어감으로써 새로운 삶이 열린 사람의 이야기가 나온다. 동료들을 위해 자진해서 구두를 닦아 준 작은 일이 그 사람의 인생을 바꿔 놓은 것이다.

우리가 당장 베풀 수 있는 것에는 우리의 마음으로 할 수 있는 것도 있다.

마음으로 다른 사람의 복을 빌어 주는 것이다.

다른 사람이 원하는 바를 이루도록 빌어 준다.

내가 원하는 것을 다른 사람도 얻기를 빌어 준다.

그룹으로 여러 사람이 모여 각자의 원하는 바를 나머지 사람들이 합동으로 빌어 주는 것도 효과적일 것이다.

혼자보다는 여러 사람이 같이 하는 것이 더 도움이 된다.

내가 나의 복을 비는 것보다 남의 복을 빌어 주는 것이 효과적이다.

다른 어떤 축복보다도 만나는 사람마다 그 사람이 무한한 가치를 지닌 무한한 부자라는 사실을 상기하고 축복해 주는 것도 큰 복덕이 된다.

나 또한 무한한 부자라는 사실을 그때마다 자동으로 확인하게 된다.

하와이에서 전해오는 알로하 정신(Aloha Spirit)에 의하면, 내가 원하는 것을 이미 누리고 있는 사람을 축복하라고 한다.

부를 원하면 부를 이미 누리고 있는 사람을 축복하라는 것이다.

그러면 축복한 사람에게 부가 돌아온다고 한다.

재능이야말로 우리가 당장 베풀 수 있는 것이다.

필자는 어려서부터 성공하고 부자가 되는 일에 관심이 많았다.

성공하고 부자 되는 일에 많은 지식과 경험을 가지고 있다.

지금도 부자나 성공에 관한 책이나 정보가 눈에 띄면 눈빛이 달라진다.

이것이 나의 재능이라면 재능이다.

필자는 이 책을 쓰는 것이 필자의 재능을 나누는 것이라고 생각하며 이 글을 쓰고 있다.

누구에게나 다 한 가지 재능은 있다.

없다고 하지 말고, 있다는 가정하에 찾아보면 있다.

대가를 바라지 말고 우선 재능을 나누는 것이 중요하다.

처음부터 잘하는 사람은 드물다.

사소하고 어수룩한 재능이라도 일단 나누기 시작하면 나누는 과정에서 다듬어지고 숙달된다.

재능은 주머니 속의 송곳처럼 드러나게 되어 있다.

재능은 땅에 묻으라고 있는 것이 아니다.

지금까지 재물이 없어도 베풀 것이 있다는 것을 주로 말했다.

베풀자고 하면 베풀 것이 없다고 생각하는 사람이 많다는 노파심에서 그렇게 됐다.

만일 베풀 수 있는 재물이 있다면 재물을 베풀면 된다.

일단 베풀기 시작하면 우리는 신약성서에 나오는 "가진 사람"이 된다.
"가진 사람은 더 받을 것이요. 가지지 못한 사람은 그 가진 것마저 빼앗길 것이다"(마가복음 4:25)
그러니 더 받게 된다.

부메랑의 원리

내가 던진 부메랑이 다시 나에게 돌아오듯이 내게서 나간 것이 다시 내게로 돌아온다는 원리다.
내가 밖으로 내보낸 것은 그대로 사라지는 것이 아니라고 한다.
돌고 돌아 다시 내게로 되돌아온다는 것이다.
내가 다른 사람의 축복하면 그 축복이 나에게로 돌아와 나를 축복한다.
내가 다른 사람을 저주하면 그 저주가 나에게로 돌아와 나를 저주한다.
내가 부자가 되려면 다른 사람이 부자가 되도록 도와준다.
그 도움이 다시 나에게로 돌아와 내가 부자가 되는 것을 돕는다.
이 원리와 관련하여 생각나는 일화가 있다.
"된다, 된다. 나는 된다"(니시다후미오 지음, 하연수 옮김, 흐름 출판사 간) 라는 책의 178쪽에 나오는 이야기다.
초라하고 비좁은 사무실에서 벤처기업을 창업한 E씨는 자신과 두 가지 약속을 하고 그것을 20여 년간 지켜왔다고 한다.
그 약속이란 :

> 지갑에서 돈을 꺼낼 때마다 마음속으로 반드시 '감사합니다'라고 말하는

것과 여기에 '지금 나가는 이 돈은 나중에 더 많은 돈으로 되돌아올 것'
이라는 주문을 덧붙이는 것이었다.

E씨는 지난 20년 동안 자신이 큰 부를 이룰 수 있었던 이유가 돈을 쓸 때
마다 이 약속을 실천했기 때문이라고 여긴다고 한다.
그의 회사는 동종 업계의 최고의 기업으로 성장했고, 지금 그는 여러 개의
자회사를 거느린 대기업의 그룹 총수로 서 있다고 한다.
내가 낸 돈이 더 큰 돈이 되어 내게로 돌아오는 비결이 여기 숨어 있는 것
같다.

그 비결이란 이런 것이다 :

내가 낸 돈이 다른 사람들의 삶을 풍성하게 하기를 바라고 믿는다.
(이 마음이 부메랑처럼 나에게 되돌아와 나의 삶을 풍성하게 한다)
타인의 삶을 풍성하게 만들 수 있는 기회에 감사하면서 미련 없이
시원하게 기꺼이 돈을 낸다.(미련 없이 시원하게 기꺼이 냈으니,
되돌아오는 것도 자발적이고 시원스럽다)
내가 낸 돈이 부메랑처럼 나중에 더 많은 돈으로 되돌아올 것을
인식한다.
(원리의 작용에 나의 인식을 보탠다)

상상으로 이것을 실행해 보는 방법도 있다.
인터넷을 통해 발견한 방법인데 아브라함 힉스(Abraham Hicks)가 최초로

제안한 방법이라고 한다.

필자는 틸 스완(Teal Swan)의 유튜브(youtube.com) 동영상을 통해 알게 되었다.

그 방법은 다음과 같다 :

　　상상으로 원하는 액수의 돈이 있다고 정한다.
　　상상으로 그 돈으로 원하는 물건을 구입한다.
　　자동으로 나간 만큼 돈이 다시 채워진다고 상상한다
　　채워진 돈으로 다른 물건을 구입한다.

이런 식으로 반복해서 원하는 물건들을 하나씩 구입해 나간다.
상상으로 하는 방법은 실제 돈이 나가는 것이 아니므로 안전하다.
거기에다 마음속에 부메랑 원리와 풍요 의식이 저절로 심어지는 효과는,
실제 거래로 나타나는 것 이상이다.
이 상상은 상상 자체가 즐겁고 재미있다.
상상 속에서 원하는 모든 것을 사들일 수 있다.
우리 모두 이 재미있는 방법을 실행해 보면 좋을 것 같다.

부메랑 원리를 한마디로 말하면 이렇게 된다 :

　　주면 준 대로 혹은 그 이상으로 받는다.

샘물 원리

cwgkorea.net(cafe.naver.com/cwgkorea.cafe) 게시판에 샘물 원리란 글이 올라와 있다.

'아무개'라는 필명으로 "나이깨"라는 책도 저술한 파르재 김창현 씨가 쓴 글이라고 추정된다.

그 글에 의하면 샘물은 퍼내거나 도랑을 만들어 흐르도록 해 주어야 한다는 것이다.

그렇게 하지 않으면 더 이상 물이 샘솟지 않고 샘물은 웅덩이로 변한다는 것이다.

자기가 가진 것을 끌어안기만 하고 나누고 베풀 줄 모르면 샘물이 웅덩이로 변하듯, 더 이상 재산이 늘어나지 않게 된다는 것이다.

늘어나지 않으면 줄어들게 된다.

베풀줄 모르는 사람은 이름만 부자인, 반쪽 부자에 지나지 않는다.

이미 많은 것을 가지고 있는데, 더 벌어 더 많이 쌓으려면 어떤 일이 벌이질까?

아직도 부족하다는 생각이 그 사람을 부족한 것에 집중하게 만든다.

가지지 못한 사람이 된다.

가진 것마저 빼앗긴다.

돈이 돈을 번다는데, 돈 많은 부자가 파산하는 이유가 여기에 있다.

여기 끊임없이 솟아나는 샘물이 있다.

아무리 퍼 써도 메마르지 않는 물이다.
샘물이 계속 샘솟게 하는 유일한 방법은 계속 퍼 쓰는 것이다.

그런 샘물이 우리 안에 있다.
부의 원천이라는 샘물이다.
이 샘물에서는 부가 흘러나온다.
샘물을 마르게 하지 않는 유일한 방법은 그것을 인식하고 퍼 쓰는 것이다.
퍼 쓰기만 하면 부가 계속 솟아 나온다.
어떻게 쓰느냐 하면, '그 무엇'의 뜻에 맞게, 베풀고 사명을 실현하는 데 퍼 쓰는 것이다.
이 부의 원천은 모든 것의 모든 것인 '그 무엇'과 연결되어 있다.
이렇게 퍼 쓰는 것이 그 연결을 더욱 긴밀하게 한다.
자기 안에 부의 원천을 발견하고, 그것을 '그 무엇'의 뜻에 맞게, 마음 놓고 퍼 쓰는 사람은 진정한 부자다.
쓰면 또 생길 것을 알기에, 쓰고 나면 줄어들까 보아 걱정하지 않고, 나가는 것에 미련을 두지 않고 시원 시원하게 써 버린다.
무조건 많이 주는 것이 아니다.
무엇을 주든, 얼마를 주든 상관없이, 줄 때 마음의 앙금이 남지 않게 쓰고 내준다는 말이다.
즐거운 마음으로 기꺼이 자발적으로 기분 좋게 쓰는 것이다.
꼭 베풀 때뿐만이 아니라, 보통의 상거래에서 돈을 지불할 때에도 그렇게 하는 것이다.
이 돈이 돌고 돌면서 소유했던 한 사람, 한 사람을 행복하게 만들기를 기

원하면서.

이렇게 쓸 때, 되로 주고 말로 받는 일이 일어난다.

"주라 그리하면 너희에게 줄 것이니 곧 후히 되어 누르고 흔들어 넘치도록 하여 너희에게 안겨 주리라 너희가 헤아리는 그 헤아림으로 너희도 헤아림을 도로 받을 것이니라"(누가 복음 6:38)

샘물은 퍼낼수록 계속 솟아난다.

우리에게 부여된 무한한 내적 가치도 계속 퍼내서 써야 한다.

나누어야 한다.

계속 나오는데 안 쓰면 손해 아니겠는가?

베풀 것에 주력하면 베풀 것이 자꾸 생긴다.

즐겁게 주면 후하게 받는다.

이런 사람은 아무도 못 말리는 부자다.

샘물의 원리를 한마디로 표현하면 이렇게 된다 :

   베풀고 나누어 비우면 다시 채워진다

   안 쓰면 샘이 마른다.

순환의 원리

돌고 돌아서 돈이라고 한다.

돈은 돌아야 한다.

이 세상은 고정불변이 없는 역동적 세상이다.

고이면 썩고 녹슬고 먼지 낀다.

들어오기만 하고 나가지 않으면 사해(死海)가 된다.

가진 것을 쌓아 놓기만 하면 썩기 시작한다.

재물을 쌓아 놓으면 그 재물이 오히려 가진 사람을 해칠 수도 있다.

실제로 재물을 소유한 사람 곁에는 그것을 노리는 사람이나 빌붙어 먹으려는 사람들이 모여든다.

처음으로 비싼 외제차를 산 사람의 하소연을 들은 적이 있다.

외제차를 사고 나니, 점심을 같이 먹고도 전부 자기에게 미루고, 점심 값을 내려는 사람이 하나도 없더란 것이다.

빌딩을 여러 채 가진 사람에게 고민이 생겼다.

자기 아들이 일해서 독립할 생각을 않고, 놀고먹으면서 지금 당장 빌딩을 한 채 물려 달라고 조른다는 것이다.

물려 주자니 자식도 버리고 빌딩도 잃을 것 같고, 안 주자니 아들의 성화를 견뎌야 하고.

이럴 바에는 차라리 재산이 없는 게 낫다는 생각이 저절로 든다.

돈은 쥐고 있어 봤자 소용이 없다.

결국 남 좋은 일만 시킨다.

쓰지 않으면 돈이 아니다.

뉴욕의 길 한 모퉁이에 자리를 잡고 구걸을 하던 거지가 있었다.

그 거지가 죽은 후, 그의 침대 밑에서 엄청난 액수의 돈이 나와 세상을 놀라게 한 적이 있다.

그 사람은 거지 노릇을 청산하고 부자로 살기에 충분한 돈을 가지고도, 평생을 거지로 살았던 것이다.
혹시 우리가 그렇게 살고 있지는 않은지 돌아볼 일이다.

돌고 돌아야 돈이다.
생명의 진보를 위해 써야 한다.
가만히 있는 것은 퇴보다.
자연은 쉼 없이 움직이고 흘러가며 진화하고 발전한다.

순환의 원리를 한마디로 말하면 이렇게 된다 :

   돌고 돌아야 모두가 윤택해진다.

베풀면 어떤 일이 벌어지는 걸까?

베풀 때 어떤 일이 일어나는지 "신과 나눈 이야기" 3권에 잘 나와 있다.
그 내용을 요약하면 다음과 같다.
무언가를 베풀려는 사람은 우선 자신이 그것을 가져야 한다.
없는 것을 줄 수는 없다.
베푸는 사람은 베풀기 전에, 베풀 것을 갖는 체험을 자동으로 하게 된다.
내가 베푸는 것을 본 내 마음은, 내가 그것을 가지고 있다는 결론을 내린다.
내가 그것을 가지고 있다고 믿게 된다.
이미 내가 그것을 소유하고 있다고 믿는 마음은, 이미 그것을 소유하고 있는 나를 창조해 내기 시작한다.
따라서 내가 원하는 것을 남에게 베풀게 되면 오히려 내가 그것을 갖게 된다.
남에게 대접을 받고자 하는 대로 너희도 남을 대접하라(누가 복음 6장 31절)는 황금률이 왜 황금률인지 이해된다.
여기서 주의할 것은 순수한 마음으로 베풀어야 한다는 것이다.
베푼 것을 갖게 된다는 생각으로 대가를 바라면서 베풀면, 우리 잠재의식이 그걸 알아챈다.
잠재의식은 갖고 싶은 마음에 없으면서도 있는 척한다고 해석하게 된다.
따라서 그것을 이미 가지고 있다는 생각이 새겨지는 것이 아니라, 가지고 있지 않다는 생각이 새겨진다.
베풀 때는, 오른손이 베푸는 것을 왼손이 모르도록 베풀어야 한다는 말이 이 말이다.
일단 베풀어 보면 안다.
베푸는 것, 그 자체가 즐겁고 보람 있는 일이다.
우리는 베풂으로써, 당장 부자로서의 삶을 누릴 수 있다.

부메랑 원리, 샘물 원리, 순환 원리, 이런 원리들이 가리키는 것은 간단하다 :

   가진 것을 나누고 베풀어라

가진 것을 나누면 돌고 돌아서 세상을 윤택하게 하고 부메랑이 되어 다시 돌아온다.

비워야 다시 찬다.

부자는 자기가 가진 것을 적재적소에 잘 쓰는 사람이다.

잘 베푸는 사람이다.

가진 사람의 의무는 가진 것을 잘 쓰는 것이다.

어떻게 베풀고 어떻게 쓰는 것이 가장 효과적으로 잘 쓰는 것일까?

다음 항에서 알아보기로 한다.

6. 부자는 주어진 부를 효과적으로 사용한다

전장에서 가진 것을 베풀고 나누는 사람이 진정한 부자라고 했다. 베풀고 나누다 보면, 어떻게 하면 자기가 가진 것을 효과적으로 나누고 베풀 것인가를 고민하게 된다. 따라서 진정한 부자는 자기가 가진 것을 어떻게 잘 나누고 베풀 것인가를 생각하고 그 생각의 결과를 실천에 옮기는 사람이다.

우리가 가진 것을 효과적으로 나누고 베푸는 가장 좋은 방법은 무엇일까? 우리에게 주어진 귀중한 삶을 보람 있게 사는 방법은 무엇일까? 이런 의문에는 네 가지의 해답이 있을 수 있다.

네 가지 해답

우리에게 무엇이 주어졌느냐를 생각하면 첫 번째 해답을 찾을 수 있다. 우리에게 주어진 가장 중요한 가치는 삶 자체와 우리의 유일성이다. 따라서 우리가 가진 것을 가장 효과적으로 나누고 베푸는 방법은 우리의 유일성을 살리는 방향으로 쓰는 것이다.

두 번째 해답은 우리에게 내부 인도자가 있다는 데에서 나온다.
우리에게 주어진 엄청난 자산은 그 엄청난 가치에 걸맞게 그냥 주어지지 않았다.
내부 인도자와 함께 주어졌다.
내부 인도자는 우리 내부, 가슴에서 울리는 소리로 우리를 인도한다.
그 소리는 보다 높은 차원에서, 우리에게 주어진 부를 가장 효과적으로 사용하도록 이끌어 준다.
따라서 내부 인도자의 안내를 따라가는 것이 가장 잘 나누고 베푸는 것이다.

세 번째 해답은 누가 주었느냐에서 나온다.
모든 것의 근원은 '그 무엇'에 있다.
우리에게 주어진 모든 것은 '그 무엇'으로부터 나온 것이다.
따라서 '그 무엇'의 뜻에 맞게 쓰는 것이 답이라는 결론에 이르게 된다.
이렇게 하는 것이 원래 주어진 목적에 맞게 쓰는 것이 된다.

우리에게 주어졌다고 해서 우리 것이 아니다.
그것을 관리하는 권한을 잠시 위임받았을 뿐이다.
우리 존재 자체가 주어진 것이고, 이 세상에는 잠시만 머물다 사라질 것이기 때문이다.
이렇게 보면 사실 내 것이라고 할 것이 없다.
잠시 맡겨진 것을 내 것이라고 여기고 함부로 쓸 수 있다고 생각하면 위험하다.

네 번째 해답은 누구에게 주어졌느냐에서 나온다.

바로 우리에게 주어졌다.

우리에게 주어졌으니 우리를 위해 쓰는 것이 가장 잘 쓰는 것이다.

우리가 행복하고 즐겁게 보람 있게 살도록 쓰는 것이 답이다.

우리에게 주어진 것의 근원인 '그 무엇'도 우리가 그렇게 쓰기를 바랄 것이다.

우리는 육체적, 정신적, 영적으로 충만한 삶을 살고자 한다.

내가 진정 원하는 삶을 살고자 한다.

하고 싶은 일을 하면서 가슴 뛰는 삶을 살고자 한다.

이렇게 해서 네 가지 답이 나왔다.

다행스러운 것은 이 네 가지 답이 각각 다른 방향에서 다른 방법으로 표현되었지만 사실은 하나로 연결된다는 것이다.

유일성을 살리는 것이 곧 내면의 인도자의 인도를 따라가는 것이고, '그 무엇'의 뜻과 일치하는 것이며 또한 그것이 내가 행복하고 보람 있게 즐겁게 사는 길이 된다.

내게 마련된 빈자리는 내부 인도자의 인도를 따라가면 찾을 수 있다.

내게 마련된 빈자리는 '그 무엇'이 마련한 것이며, 그 자리를 내가 채우는 것이야말로 '그 무엇'이 나에게 원하는 것이다.

내가 행복하고 보람 있게 즐겁게 사는 길은 나의 유일성을 살려 나만이 채울 수 있는 나를 위한 빈자리를 찾아가는 길이다.

이런 식으로 결국 네 가지 답이 공통된 하나를 지향한다.

어느 하나의 답만을 추구하여도 결국 다른 나머지의 답도 충족하게 된다.

여기서는 편의상 유일성을 추구하는 것으로부터 이야기를 시작하기로 한다.

유일성을 살리는 것이 주어진 부를 잘 쓰는 것이다.

우리 각자는 서로 다른 능력, 재능, 적성, 개성, 신체적 특성 등을 부여받았다.
우리 각자를 둘러싸고 있는 환경도 모두 다르다.

이 두 가지 사실이 우리에게 유일한 존재라는 무한한 가치를 부여했다.
유일한 존재라는 사실은 우리에게 두 가지를 말해 준다 :

    우리 각자에게는 우리 각자에게 맞는 사명이 있다.
    우리 각자에겐 우리 각자만이 채울 수 있는 자리가 있다.

삶은 우리의 유일성을 살리는 여정이다.
때론 경쟁하고 서로 싸우기도 하겠지만, 우리 각자에게는 각자만의 길이 있다.
삶을 경쟁으로 보면 승자만이 독식하고 패자에게는 아무것도 없게 된다.
패자는 가치 없는 존재가 된다.

그러나, 전체적으로 보면 우리 삶은 서로 경쟁하는 것이 아니다.
각자에게 주어진 길을 가는 것이다.
각자에게 주어진 길을 가는 사람은 각자에게 주어진 유일한 존재로서의 무한한 가치를 시현하고 누리는 사람이다.

때론 이길 수도 있고 질 수도 있지만, 그런 건 아무 상관이 없다.

승자건 패자건 다 무한한 가치가 있다.

각자에게 주어진 길을 가는 것이므로 경쟁에서 이겨야만 살아남는다는 제한된 의식은 발붙일 곳이 없어진다.

타인이 경쟁자나 적으로 보이지 않는다.

서로 각자 자기의 길을 가는 여행의 동반자들이다.

유일한 사명은 우리에게 자신감, 자긍심을 갖게 한다.

유일한 사명이 우리에게 있다는 사실에 주목하면 흔들림 없는 자신감과 자긍심이 생긴다.

필자는 언젠가 엘리베이터가 고장이 나서 20여 분 정도 엘리베이터에 갇힌 적이 있었다.

비상 전화를 걸어도 아무도 전화를 받지 않았다.

간신히 고장수리 전화번호를 찾아 연락할 수 있었다.

20여 분 갇혀 있는 동안 나를 버텨 준 것은 내가 유일한 존재로서 완수할 사명을 갖고 있으므로, 여기서 틀림없이 무사히 구출될 것이란 생각이었다.

의연하게 안심하고 기다릴 수 있었다.

그렇게 할 수 있었음에 스스로 자랑스러웠다.

사명의식은 내가 내게 부여받은 사명을 수행하고 있으니, 사명의 수행에 필요한 모든 것이 나에게 주어질 것이라는 믿음을 준다.

이건 억지로 믿는 믿음이 아니라, 내부에서 자연적으로 솟아 나오는 진정한 믿음이다.

모든 것을 받아 누릴 수 있는 자격이 있다고 스스로 느끼게 만든다.

모든 것 안에는 물론 필요한 돈이나 부가 포함된다.

사명의 완수를 위한 것이므로 필요한 부를 마음껏 받아 쓸 수 있다는 느낌이 들게 된다.

억지로 그렇게 느끼려고 해서 된 것이 아니라 자연스럽게 느껴지게 된 것이다.

필요할 때 필요한 부가 주어지므로, 미래를 대비해 절약하고 아껴서 모아 놓을 필요도 없다.

돌아 보면, 내 삶은 나의 유일성을 살리는 방향으로 짜 맞추어져 있었던 것 같다.

잠시 옆 길로 새기도 했고 여러 번 실패도 맛보았다.

그런 우여곡절 끝에 이제야 제자리를 찾은 것 같다.

우리는 우리의 사명을 수행하는 방향으로 인도되어 간다.

진정한 부자는 자기의 유일성을 살려 자기에게 주어진 사명을 수행함으로써, 자기가 가진 것을 가장 효과적으로 나누고 베푼다.

자기의 적성, 개성, 소질과 재능을 최대한 살리는 길을 간다.

높은 연봉, 안정된 수입, 사회적 명성이나 직위를 위해 자기의 사명을 외면하지 않는다.

사명을 깨닫는 것이 삶의 전환점이 된다.

이미지 리더십 원장이며, 이미지 컨설팅으로 유명한 "매력으로 리드하라"

의 저자 현원정 씨는 오로지 자기 이익만을 위해서 앞만 보면서 바쁜 생활을 하고 있었다.

대학 강의, 컨설팅, 웨딩 프랜차이즈를 운영하며 토요일, 일요일까지 일했다.

돈을 많이 벌고 인정받고 존중받으며 빌딩도 올리고 자식들 유학도 보내고 크루즈 여행도 다니고 노후도 편안히 보내는 것이 목표였다.

그런데 어느 날, 자기가 이 나라 이 땅에 존재하는 것이 나의 선택이 아니었다는 것을 인식하게 된다.

자기의 의지가 아니라면 분명히 한 생을 살아가면서 뭔가 주어진 사명이 있을 것이라는 짐작을 하게 된다. 과연 그 사명이란 것이 무엇일까를 고민한다.

그 사명이란 것이 자기만 잘 사는 것이 아니라 함께 가는 어떤 것이라는 생각을 한다.

내가 잘 살고 잘 먹고 있는 것이, 자기 사명을 깨닫고, 그 사명을 통해서 한 사람이라도 이익이 될 수 있고 모두가 행복할 수 있는 일을 하라는 의미라는 것을 깨닫는다.

이렇게 사명을 깨닫는 순간 인생의 전환점을 맞이하게 된다.

그런데 사명을 수행하려면 나의 사명이 무엇인지를 알아야 한다.
그것을 어떻게 알 수 있을까?

내부 인도자가 이끄는 대로 따라가면 된다

우리에게 주어진 엄청난 자산이 내부 인도자와 함께 주어졌다는 사실에 주목해야 한다.

우리의 자산을 가장 잘 쓰는 방법은 내부 인도자가 이끄는 대로 따르는 것이다.

다행히 그 답은 어렵지도 않고, 먼 데 있지도 않다.

사실 이것은 필자만 하는 얘기가 아니다.

필자는 다만 이것을 특별히 부자로 사는 것과 연관 지어 얘기하고 있을 뿐이다.

이미 많은 사람들이 다양한 방식으로 다른 용어나 표현을 써서 이것을 얘기했다.

다음과 같이 이야기들이다 :

"가슴 뛰는 삶을 살아라"

"가슴이 시키는 일을 하라"

한비야 님의 "지도 밖으로 행군하라"

"마음대로 노닐고 인연 따라 살아라(Follow your bliss, do what feels good)"

스티브 잡스의 "갈망하라, 바보가 돼라(Stay hungry. Stay foolish)"

"좋아하는 일을 하라(Do what you love to do)"

"가슴에서 울리는 소리를 들어라(Listen to your heart)"

"마음 내키는 대로 살아라" ……

헤르만 헤세의 소설 데미안 마지막 부분에서, 데미안은 싱클레어 곁을 떠나며, 싱클레어에게 다음과 같이 말한다 :

"너는 아마 언젠가 나를 다시 필요로 하겠지. (중략) 그럴 때에는 자기 자신의 내부에 귀 기울여야 돼"(구기성 옮김, 문예출판사 간)
(소설의 마지막 구절에 의하면, 데미안은 싱클레어의 친구이자 지도자였으며 동시에 싱클레어 자신이었다.)

이렇게 여러 가지로 얘기하지만, 모두 우리 내부 인도자의 인도를 따르라는 이야기다.
이렇게 사는 것이 가장 보람 있고 행복한 삶이 될 뿐만 아니라, 우리에게 주어진 엄청난 선물을 잘 쓰는 삶이라고 할 수 있다.
내부 인도자의 안내를 들을 수 있어야 그 안내를 따라갈 수 있다.
앞서 소개한 현원정 원장은 왜 사는지, 왜 존재하는지, 어디로 가고 있는지 자기에게 질문을 던지고 자문과 성찰의 시간을 가지라고 권유한다.
필자는 그것과 아울러 내부 인도자의 인도를 알아듣고 따르겠다는 마음가짐이 중요하다고 본다.
진정으로 듣고자 하면 들을 수 있다.
들릴 때까지 계속 묻는 것이 듣고자 하는 마음가짐의 표현이다.
그것이 곧 끊임없이 자문하고 성찰하는 것이다.

우리 내부 인도자의 인도를 따르는 것이 어떤 것인지 좀 더 자세히 살펴보기로 한다.

진정한 내가 되는 것

우선 이것은 내부 인도자의 인도를 따라가는 것이므로, 사회 통념상 원하게 된 것, 주위 사람, 특히 부모나 스승, 종교 지도자, 배우자, 연인, 친구 등의 마음에 들기 위해 원하게 된 것, 체면, 자격지심, 자존심, 겉치레, 비교의식에서 비롯된 것 등에 휘둘리지 않는 것을 의미한다.
이런 것들은 모두 우리 안에서 나온 것이 아니다. 밖에서 강요된 것이다.
안데르센의 동화 "미운 오리 새끼"가 생각난다.
오리가 아닌 백조라서 오리의 길을 갈 수 없었고, 그래서 미운 오리새끼가 된 백조의 이야기 말이다.
그러나 결국 미운 오리 새끼는 백조로서의 본성이 발휘되어 자기의 진정한 가치를 알게 된다.
오리 속에서 백조의 본성을 지키며 사는 것이 쉽지 않다.
특히 부모 형제나 친한 친구, 배우자가 네 꿈대로 했다간 굶어 죽기 딱 알맞다고 하면서, 먹고사는 문제를 들이대며, 백조 보고 오리가 되라고 할 때, 이것을 거역하기가 쉽지 않다.
그렇더라도 굶어 죽기 딱 알맞다는 말 때문에, 주변 사람들의 권고에 의해, 정말 하고 싶고, 이루고 싶은 꿈을 접진 말아야 한다.
내부 인도자의 인도를 따라가는 것은 나의 본성을 살리는 것이고, 내가 진정 좋아하는 것을 하는 것이며, 진정한 내가 되는 것이다.
이 길이 진정한 자아실현의 길이다.

나만이 가는 유일한 길

때론 사회 통념, 주위사람의 의견을 배제해야 하기에 외롭고 혼자만의 길을 가야 하는 경우도 있다.

지도에 나와 있는 길, 안전하고 편안해 보이는 길을 놓아두고, "지도 밖으로 행군(한비야)"해야 할지도 모른다.

그 길은 내부 인도자, 그 하나만을 의지하여 나아가는 길이다.

우리가 어디로 가고 있는지 모르면서도 믿고 나아가는 길이다.

목표가 있다면 오직 하나 내부 신성, 우리의 본성에 따르는 것, 그 외 다른 목표가 없는 길이다. 그것은 다시 말해 '그 무엇'의 섭리에 따르는 길이다.

우리 안에 존재하는 '그 무엇'에 의지하고, 우리를 맡기는 것이다.

섭리가 인도하는 대로 간다고 표현해도 될 것 같다.

나만이 가는 유일한 길을 가는 것이다.

정말로 나를 잘 이끌어 줄 존재는 내 안의 내부 인도자밖에 없다.

아무리 주위를 둘러보아도 누구 하나 도와줄 사람이 없다고 느낄 때가 있다.

어느 누구의 어떤 조언도, 어떤 훌륭한 책도 도움이 안 되는 때가 있다.

이때야말로 어느 누구보다 내부의 목소리에 귀를 기울일 때다.

이제, 아래의 성경 구절도 이해가 된다.

"만일 너희에게 믿음이 겨자씨 한 알만큼만 있어도 이 산을 명하여 여기서 저기로 옮겨지라 하면 옮겨질 것이요 너희가 못할 것이 없으리라"(마 17:20)

이 구절에서 믿음은 확고한 생각, 흔들림 없이 일관된 생각을 오래하는 것, 어떤 이념이나 주의 사상이 옳다고 인정하는 것 등을 말하는 것이 아니다. 내가 바라는 소원이나 목표가 반드시 이루어진다고 억지로 믿는 것을 말하는 것도 아니다. 정신력, 염력, 신념의 힘으로 산이 움직인다는 말은 더욱 아니다. 따라서 내가 바라는 소원이나 목표가 이루어지지 않았다. 해서 믿음이 부족하다고 자책할 일이 아니다.

믿는다는 것은 믿는 대상에 의지한다는 것이다.

믿음은 믿는 대상에게 "내려놓고 맡기는 것"이다.

믿는 대상의 말을 듣고 인도하는 대로 따르는 거다.

전적으로 믿으면 모든 걸 내려놓고 다 맡기는 거다.

의심이나 두려움 없이 믿는 대상의 말을 듣고, 인도하는 대로 따라간다.

겨자씨만 한 믿음이라는 말씀에 힌트가 있다.

'그 무엇'의 인도함, 내부 인도자의 소리는, 소리 없는 소리로 아주 작다.

희미하고 잘 들리지 않을 수도 있다.

그렇지만 들으려 하는 것이 중요하다.

그 말을 듣고, 긴가민가하면서도 그 인도함을 따라간다.

따라가면서 회의에 젖고, 흔들리기도 한다. 그러니까 겨자씨만 한 믿음밖에 안 된다.

그런데 그렇게 가다 보면 놀랄 만한 일이 벌어진다.

산이 옮겨 가는 것에 비견할 만한 일이 일어난다.

불가능하다고 여겼던 일이 실현된 것이다.

그런 일이 가능한 이유는 간단하다.

불가능해 보이는 그 일이 '그 무엇'의 뜻에 맞는 일이었기 때문이다.

겨자씨에 기록된 유전자대로 그 작은 씨에서 커다란 겨자가 자라나는 것과 같다.

이렇게 내부 인도자에 의지하여 나아가는 사람에겐 능히 하지 못할 일이 없다.

다음 말씀이 그것을 확인해 준다.

"할 수 있거든 이 무슨 말이냐 믿는 자에게는 능히 하지 못할 일이 없느니라"(마가 9:23)

이 구절에서 연상되는 말이 있다.

우리가 자주 쓰는 말이다.

정신일도 하사불성(精神一到何事不成)

정신이 하나가 되면 이루지 못할 일이 없다는 말이다.

보통 정신이 하나가 되는 것을 정신통일 상태에 이르는 것, 정신이 하나로 모아지는 것, 하나에 정신이 몰두된 상태로 해석한다. 정신일도(精神一到)를 정신집중(精神集中)이 된 상태로 보는 거다. 필자도 그렇게 보았다.

그러나 이제, 필자는 이것을 정과 신이 하나 된 상태로 해석한다.

동의보감에 의하면, 정(精)은 신체의 근본(精爲身本)이다. 국어 사전에 의하면 심신활동의 근본이 되는 힘이다.

신(神)은 말 그대로 신(神)이다. 필자가 '그 무엇'으로 부르는 존재다.

따라서, 정(精)과 신(神)이 하나 된 상태는, 우리 각자와 '그 무엇'이 하나된 상태를 말한다.

우리 각자와 '그 무엇'이 동일한 방향으로 협력하여 나아가는 것을 뜻한다.

쉬운 말로 우리 각자와 '그 무엇'이 동업자가 된 형국을 말한다.

그래서 필자는 정신일도 하사불성(精神一到何事不成)을 이렇게 해석한다 :

우리 각자와 "위대한 그 무엇"이 동일한 방향으로 협력하여 나아가면 이루지 못 할 일이 없다.

따라서 이 말은 다음의 성경 구절과도 통하는 말이 된다 :

"너희가 내 안에 거하고 내 말이 너희 안에 거하면 무엇이든지 원하는 대로 구하라. 그리하면 이루리라"(요한복음 15:7)

집중의 힘, 몰두의 효력, 정신 통일 상태에서 나오는 힘을 무시하자는 것이 아니다.
우리 마음은 파도처럼 요동친다.
우리 두뇌가 좀처럼 작용을 멈추지 않는다.
따라서 우리가 인위적으로 도달하려고 하는 정신 통일 상태는 일시적이거나, 많은 세월 수련을 쌓아야 겨우 도달하게 될 것으로 보인다는 말이다.
정신 통일 상태에 도달하는 것이 그분에게 주어진 사명이라면 관계없지만, 그렇지 않은 보통 사람이 그걸 노리는 것은 무리가 있어 보인다.
그리고 집중의 힘, 몰두의 효력, 정신 통일 상태에서 초능력이 발휘될 수는 있겠지만, 그것으로 모든 것이 가능하게 되는 것은 아니라는 생각이 든다.
그런데 이 마당에서 한 가지 재미있고 주목할 만한 사실이 있다. 그것은 정신을 억지로 하나로 모으려면 잘 안 되고 어렵지만, '그 무엇'의 뜻과 맞는 일을 하면 저절로 그 일에 집중하고 몰두하게 된다는 사실이다. 정신통일(집중)이 되어 못 할 일이 없게 되는 것이 아니라, '그 무엇'의 뜻과 맞는 일을 함으로써 저절로 정신통일(집중)이 된다. 정신통일(집중)은 모든 일을 가능하게 하는 원인이 아니라, '그 무엇'의 뜻과 맞는 일을 하는 결과로 나타난다.

바오로는 이렇게 말한다.

"내게 힘을 주시는 그분 안에서 모든 것을 할 수 있다"(빌리보서 4:13)

내가 원하는 대로 모든 것을 할 수 있다고 하지 않고, 그분 안에서 모든 것을 할 수 있다고 한 것에 주목할 필요가 있다.

"그분 안에서"란 말은 '그분과 한편이 되어서'를 뜻하기도 하고, '그분이 인도하는 대로 따르는 가운데에서'를 의미한다고 본다.

그분 안에서 행하기에 그분이 주시는 힘을 받는다.

그분 안에서 행하므로 그분 뜻대로 하지만, 결국 내가 원했던 것보다, 더 좋은 것을 받게 된다.

그것은 모든 것을 할 수 있는 능력이다.

바울이 이룬 업적은, 우리가 역사 시간에 배워, 잘 알고 있다.

강을 가로질러 놓인 다리를 이용해 우리는 강을 건넌다.

다리를 믿기 때문이다. 그래서 다리에 우리를 맡기는 거다.

그런데 다리를 건너는 도중에, 다리가 무너질 것을 걱정하는 사람이 있다면, 어떻게 될까?

아마도 겁이 나서, 다 건너지 못하고, 다리 중간에서 다시 되돌아 나올 거다.

믿지 못하면 나를 맡길 수 없다.

비행기 조종사는 착륙할 때, 관제탑의 지시에 따른다.

관제탑의 지시를 따르면 안전하게 착륙할 수 있다고 믿기 때문이다.

믿지 못하면 그 지시에 따를 수 없다.
다리를 믿으면 두 발로 딛고 다리 위를 걸어간다.
관제탑을 믿으면, 관제탑의 지시에 따른다.
그 결과 우리는 안전하게 다리를 건너고, 비행기는 무사히 착륙한다.

필자는 예전에,
소원이나 목표가 이루어졌다고 억지로 생각하는 것이 긍정적 자세인 동시에, 믿음이라고 착각했었다.
나와 같은 분이 많을지도 모른다는 생각에 중언부언 말이 길어졌다.
믿음은 믿는 대상에 모든 것을 내려놓고 맡기는 것이다.
억지로 믿는 것은 믿는 게 아니다.

가장 올바르고 안전하고 빠른 길

우리 내부 인도자의 인도를 따라가는 길은 내부의 위대한 그 무엇, 내부 신성(神性)에서 나온 것이다.
그 길은 위대한 지성을 갖춘, 위대한 그 무엇이 인도하는 것이기에, 가장 올바르고 안전하고 빠른 길이라고 할 수 있다.
내부 신성은 우리를 가장 좋은 곳으로 안내한다. 힘든 길로 돌아가는 듯이 보여도, 나중에 지나고 보면, 가장 좋은 지름길로, 우리가 원래 바라던 것보다 더 나은 곳으로 안내되었음을 알게된다.
따라서 내부 신성의 인도를 따라가는 것이 우리 각자에게 가장 유익하다.
우리는 우리의 재능, 적성을 가장 잘 살리는 길로 인도된다.

그리로 가면 진정한 우리 자신이 되는 길, 우리의 유일성을 가장 잘 살리는 길로 나아간다.

혼자 가더라도 외롭지 않은 길

주변 사람의 권고를 물리치고 혼자만의 길을 간다고 해서, 혹시 외로움에 시달리지는 않을까?
아니다.
오히려 든든한 후원자의 인도로 든든한 후원자와 함께 가는 길이니 혼자라도 외로울 수 없다.
사실 우리는 많은 사람에 둘러싸여 있어도, 외롭다. 정호승 시인은 "외로우니까 사람"이라고 했다. 다들 우울증에 시달리고 있다.
이 절절한 외로움은 내부 신성을 알게 되고 소통하기 시작하면 해결된다.
내부 신성은 항상 우리 안에 존재하므로 우리가 원하면 언제든 그와 만나서 대화할 수 있다.
우울증은 어쩌면 내부 신성이 우리를 짝사랑하고 있다는 표시일 수도 있다는 생각을 해 봤다.
내부 신성이 우리와 친구가 되고 대화하고 싶어서, 그렇게 하지 않으면 우울증에 걸려 시달리게 만들었다는 말이다.
혼자 가는 것 같지만 든든한 후원자와 같이 가는 길이다. 외롭지 않다.
오히려 우울증에서도 벗어나는 길이 바로 이 길이다.
이 길을 가는 도중 서로 뜻이 맞는 새로운 친구를 만나게 되기도 한다.

가장 잘 봉사하는 길

또한 이 길은 모든 것을 헤아리는 내부신성의 인도함이기에, 나 혼자만 좋은 것이 아니라, 다른 모든 사람에게도 유익한 길이다.
우리가 가장 잘 봉사하는 길이다.
가장 잘 봉사할 때, 우리는 행복하고 성공도 하게 된다.
따라서 이 길은 우리를 행복과 성공으로 인도하는 길이기도 하다.

즐겁고 흥미로운 길

우리가 정한 목표를 추구하는 대신, 내부 인도자의 인도를 따라가기로 하면 재미있는 일이 벌어진다. 목표를 추구할 때는 내가 세운 목표대로 될지, 내가 원하는 대로 일이 전개될지 전전긍긍하며, 그렇게 되지 않을까 봐 걱정하지만, 내부의 인도를 따르게 되면 내부 인도자가 우리를 어디로 인도할지 다음에는 어떤 일이 벌어질지 기대에 차서, 호기심 어린 눈으로 미래를 바라보게 된다.
그렇게 되면 우리 사는 것이 흥미진진한 영화를 처음 보는 것과 같게 된다. 내부 인도자를 신뢰하므로, 어떤 식으로 인도되든 우리에게 가장 좋은 길로 안내될 것을 알기에 그 길을 가는 것이 즐겁고 재미있는 길이 되는 것이다.
스릴과 긴장이 있지만, 그것은 고민이나 걱정을 주는 것이 아니라 재미의 근원이다.
내부 신성의 시각에서 볼 때, 우리가 어떤 길을 가는 것이 가장 좋은 것인지를 알아 나가는 것은 자못 흥미로운 경험이다.

내부 인도자는 우리를 어디로 인도하는가?

내부 인도자가 이끄는 대로 가다 보면, 결국 우리의 유일한 사명을 수행하는 길로 가게 된다.

우리의 가장 중요한 자산이 바로 유일한 존재라는 사실을 상기하면 그쪽으로 가는 것이 당연하다고 인정할 수밖에 없다.

'그 무엇'은 우리에게 바로 그 일을 하라고, 그 일을 해달라고 우리에게 무한한 선물을 준 것이라고 볼 수 있다. 우리 각자의 유일한 사명은 '그 무엇'이 우리 각자를 통하여 하고자 하는 일이다.

내부 인도자를 따라가고 있음을 나타내는 증표

내부 인도자를 따라간다는 것이, 아직 그저 막연하기만 하고 구체적으로 무엇을 말하는지 잘 모르겠다는 분도 있을 수 있다.

내부 신성의 인도를 따라가면, 어떤 일이 벌어질까?

대개 다음과 같은 일이 벌어진다.

어느 날부터 자신도 모르게 어떤 일이 좋아진다.

그 일은 자기 적성과 재능에 맞는 일일 것이다.

그렇지 않으면, 좋아질 수가 없을 테니까.

좋아하다 보니 저절로 자신도 모르게 그 일에 시간과 에너지를 쏟게 된다.

그 일을 더 잘하고 싶어진다.

이렇게 해서 꿈, 목표가 주어진다.

이것은 내부에서 저절로 솟아나온 꿈이다.

그 꿈이 일시적인 관심이나 호감에서 비롯된 것이라면, 얼마 안 돼 흥미를 잃어버릴 것이다.

그러나 그 꿈이 진정 내가 바라는 꿈이라면 계속 그 꿈을 추구하고, 그 꿈의 실현을 위해 꾸준히 나아가게 된다.

이렇게 가슴에 큐피드의 화살 같은 것이 꽂히면, 펄떡이는 생선과 같은 생동감 있는 삶이 전개된다.

원기 왕성, 일을 해도 쉽게 지치지 않는다.

오히려 힘이 솟는 듯하다.

피곤해도 기분좋게 피곤하고, 잠시 쉬면 다시 일할 에너지가 생긴다.

쉬면서도 잠자면서도 그 일에 관해 생각한다.

항상 생각하고 있는 것, 생각이 떠나지 않는 것이기에, 그걸 매일 쓰거나 크게 써서 잘 보이는 곳에 붙여 놓지 않아도 된다.

저절로 거의 모든 시간, 그것에 대해 생각하다 보니, 창조적 아이디어가 자꾸 솟아 나온다.

그 아이디어를 실현해 보고자 하는 왕성한 실험 정신이 살아난다.

아이디어를 실현해 보고 그 결과를 보고 싶어 안달이 난다.

주위에서 아무리 말려도, 해 봐야 직성이 풀린다.

빨리 날이 새기를 기다린다.(전 현대 그룹 고 정주영 회장님이 좋은 예이다.)

저절로 몰두하고 몰입한다.

나만의 독특함, 개성이 발현된다. 본성의 표출, 발현이다.

일을 하면서 기쁨, 보람, 가슴 뿌듯함을 느낀다.

위대한 '그 무엇'의 가호도 함께 느낀다.

'그 무엇'이 나와 함께 나를 통해 이 일을 하고 있다는 느낌이 든다.

'그 무엇'의 도움이라고 할 수밖에 없는 일이 벌어진다.

우연히 일어나지만, 우연이라고 여기고 넘어가기 힘든, 뭔가 이상한 일이 벌어진다.

기쁨, 보람, 생동감, 자발적 몰입, 저절로 솟는 열정, 우연인 듯 일어나 나를 돕는 사건들, 이런 것들이 내부 신성의 인도를 따라가고 있음을 나타내는 증표들이다.

그리고 이렇게 일한 결과는 나만이 아니라 많은 사람에게 이익이 된다.

이와 비슷한 일이 전개되면 제대로 길을 가고 있다고 할 것이다.

이런 삶이야말로 가장 행복하고 보람 있는 삶이라 할 수 있지 않을까?

우리 각자의 개성과 적성과 재능을 가장 잘 살리면서 즐겁게 사는 삶이라 할 것이다.

나에게도 좋고 다른 사람에게도 유익한 이상적인 삶의 모습이 바로 이것이다.

대개 사람들은 이런 삶은 창조적 예술분야와 관련있다고 생각한다.

하고 싶은 일을 하고 적성에 맞는 일을 고르라면 대개 작가, 화가, 음악가를 선택하는 경향이 있다.

물론 창조적 예술 분야에서 자기 적성을 살려, 자기가 하고 싶은 일을 할 수 있는 기회를 더 많이 잡을 수 있다.

하지만, 이런 일이 꼭 창조적 예술 분야와 관련 있는 일에서만 일어나는 것은 아니다.

무슨 일을 하든 상관 없다.

어떤 분야든 창조적인 능력을 발휘하고 몰입할 수 있는 사람을 필요로 한다.

안정적이고 편안할 것 같은 분야가 오히려, 그런 사람을 더욱 필요로 한다.

안정적이고 편안한 일을 찾는 사람들이 그렇게 하려 하지 않을 뿐이다.

처음부터 그럴 생각이 없었으므로.

사실 안정적이고 편안한 일이라는 것은 이 세상에 없다고 보면 된다.

그렇게 보이기만 할 뿐이다.

어떤 일을 하던 넘어야 할 산이 있고, 괴롭고 힘든 상황에 직면하게 된다.

아직 자기에게 맞는 일을 찾지 못했더라도 염려하지 않아도 된다.

우선 지금 하는 일을 성의를 다하여 하는 동안 우연인 듯 자연스럽게 길이 열린다.

우리 각자가 마음을 비우고 내면의 소리에 귀 기울이며 기다리는 자세가 중요하다.

마음을 비운다는 것은 선입견을 버리고, 넘겨짚지 말라는 것이다.

내면에서 스스로 우러나도록 하자는 것이다.

우연인 듯 일어나는 일을 살펴, 그 일의 의미를 알고자 하는 것도 필요하다.

'그 무엇'은 내면의 소리만이 아니라 외부의 사건을 통해서도 우리와 소통한다.

불행한 일이나 사고를 당해도, 이 일에 어떤 축복이 숨어 있는가?

이 일을 통해 '그 무엇'이 말하고자 하는 것은 무엇인가?

이렇게 물어보야 한다.

어떤 일을 하더라도 상관 없다.

각자 주어진 처지에서 스스로를 가장 잘 살리는 것이 곧, 각자의 유일한 사명을 수행하는 것이다.
그것은 내부 인도자의 안내를 따라 '그 무엇'이 원하는 일을 행하는 것이기도 하다.
그런 일을 하는 것은, 그 일이 어떤 일일지라도 위대하고 거룩하다.
따라서 우리는 비록 사소하고 비천하게 보이는 일이 주어지더라도, 즐겁고 기쁜 마음으로 보람 있게 할 수 있다.
유일한 사명이라고 해서 꼭 고귀하고 거룩해 보이는 일만을 의미하는 것은 아니다.
직업에는 귀천이 없다.
때론 성가시고 귀찮다고 여겨지는 일을 해야 할 경우도 있다.
그러나 그런 일도 훨씬 수월하게 넘어가게 된다.
일단 해 보면, 생각보다 덜 귀찮고 덜 성가시다는 것도 알게 된다.
그런 일을 고맙게 여기고 즐거운 마음으로 할 수 있다.
우주 전체의 계획하에 나만이 할 수 있는 꼭 필요한 일을 하는 것이라고 여기기 때문이다.
큰 목적을 위해서 잠시 목적과 무관해 보이는 일을 할 경우도 있다.
역도 선수가 역도 훈련만 하지 않고, 경영인이 경영과 무관한 인문학을 공부하는 경우도 있다.

유일한 사명이라고 하면, 우선 직업이나 일 또는 사업에 관련된 사명만을 떠올리기 쉽지만, 그것만 있는 것이 아니다.

유일한 사명이 하나의 사명을 의미하는 것은 아니다.

한 사람에게 각기 다른 여러 개의 사명이 주어진다.

우리는 개인이지만, 가족의 일원이고, 사회의 구성원이며, 국가의 국민이고, 인류다.

우리는 또한 몸과 마음과 영혼으로 구성되어 있다.

개인으로서의 사명, 가족에 대한 사명, 사회, 국가, 지구촌에 대한 사명이 따로 있다.

몸과 관련된 사명, 마음, 지성에 관련된 사명, 영혼에 관련된 사명이 따로 있다.

청소년기, 중년기, 장년기, 노년기 등 각 시기마다 사명이 달리 존재할 수도 있다.

어떤 사명은 다른 사명의 전 단계로 주어질 수도 있다.

이 모든 사명을 언제 다 기억하고 수행하느냐 하겠지만, 간단하다.

이 모든 사명을 하나하나 다 기억하고 수행하기는 힘들다.

그 힘든 것을 간단히 처리하는 방법이 있다.

그때 그때 내부의 소리에 귀 기울여 듣고 따르는 것이다.

그러면, 자동적으로 수행되어야 할 여러 사명들이 균형을 이루어, 골고루 다 이루어지는 것을 보게 된다. 끊임없이 '그 무엇'과 소통하는 것이 중요하다.

앞에서 말한 바와 같이 유일성을 살리는 길, 내부 인도자의 안내를 따라가는 길, '그 무엇'의 뜻에 맞는 길, 나를 살리는 길(하고 싶은 일을 하면서 가슴 뛰는 삶을 사는 길), 이렇게 네 가지의 서로 다른 길이 결국은 하나로 통합되어 한 길로 나아가게 되어 있다.

이것을 보더라도, 이것만이 우리가 가야 할 올바른 길이라고 인정할 수밖에 없다.

'그 무엇'과 소통하며 그 이끄심을 따라 우리의 유일성을 살려 우리에게 주어진 사명을 실현하는 길로 나아가는 것이 우리가 나아가야 할 길이다.

7. 부자는 '그 무엇'과 소통하고 그 인도하심에 따른다

우리는 결국에는 우여곡절 끝에 자기 사명을 수행하는 쪽으로 인도될 것이다.

그렇지만 끊임없이 '그 무엇'과 소통하는 것이 중요함을 알았으니, 우리 쪽에서 먼저 '그 무엇'과 소통하고 그 뜻을 알아보려고 하는 것이, 부자로서의 삶을 사는 데, 더 효과적일 것이다.

우리는 '그 무엇'의 뜻은 헤아려 보지도 않고, 우리의 뜻대로 일을 벌여 놓고 '그 무엇'의 선처를 바라는 식으로 일을 추진하는 것에 익숙해 있다.

이른바 '진인사 대천명'이다. 스스로 최선을 다해 열심히 하고 결과는 하늘에 맡긴다는 것이다.

최선을 다해 열심히 하는 것은 좋은데, 문제는 무엇을 위해 최선을 다해 열심히 했느냐다.

대개의 경우 하늘의 뜻과는 상관없이 자기의 뜻을 관철하려 열심히 최선을 다한다.

처음부터 하늘의 뜻은 관심사가 아니었다. 오로지 자기의 뜻이 관철되면 되었다.

자기의 뜻이 하늘의 뜻에 부합하는지는 알아보려고 하지도 않았다.

이렇게 해서는 일이 제대로 풀리지 않는다.

거꾸로 해야 한다.

먼저 '그 무엇'의 뜻을 살펴야 한다.

내 뜻이 '그 무엇'의 뜻과 어긋나지 않도록 조심해야 한다.

그러기 위해서는 하늘, 즉 '그 무엇' 또는 내부 인도자와 먼저 소통해야 한다.

내부 인도자를 가장 다정한 친구처럼 여기고 서로 대화하는 것이다.

겉에서 보면 자기가 묻고 자기가 대답하는 꼴이다.

내부 인도자는 우리 각자 안에 있기 때문에 우리 곁을 떠날 수가 없다.

우리가 무시하고 외면하지 않으면 항상 우리 곁에서 우리와 친구가 되어 준다.

우리의 가장 좋은 친구다.

내부 인도자와 대화하는 것이 습관이 되면, 내부 인도자의 인도를 더 잘 받을 수 있다.

바울은 내부 인도자와 대화하는 것을 "쉬지 말고 기도하라"(데살로니가 전서 5:17)라고 표현했다.

한마음 선원의 대행 스님은 내부 인도자를 주인공이라고 부르며, 주인공과 항상 대화하면서 지내는 것을 이야기했다.

채근담에는 우리 안에 만 권의 서책이 있다는 말이 있다.

심리학에서는 잠재의식이 "정보의 보고"라고 했다.

풀리지 않는 문제가 있을 때, 그것을 잠재의식으로 해결하는 방법이 있다고 한다.

잠재의식에 맡기고 편안히 잠을 자면, 다음 날 일어날 때 해결의 실마리나

답을 얻게 된다는 것이다.

잠재의식은 내부 인도자의 심리학적 표현이다.

내부 인도자는, 어떤 유능한 상담사보다 더 유능한 상담사다.

어떤 유능한 코치보다 유능한 코치다. 어느 누구보다 더 많이 알고 지혜롭다.

어떤 재벌보다 재산이 많다. 이 우주 전체가 그분의 것이다.

어떤 성공한 사람보다 더 성공한 사람이다. 이 우주가 그의 작품이다.

어느 누구보다 더 든든한 후원자다. 이 세상 전체가 그의 권능으로 운행된다.

보통 유능한 멘토를 만나는 것은 대단한 행운이라고 여긴다.

유능한 멘토가 있는 사람을 부러워하는가 하면, 그런 멘토가 있는 사람은 그것을 자랑스러워한다.

유능한 멘토를 언제든 만날 수 있다면 그건 대단한 특권이고, 그러려면 막대한 대가를 지불해야 한다.

이 세상에서 가장 유능한 멘토를 언제든 무료로 만날 수 있는 방법을 말씀드린다.

그것은 내부 인도자와 소통하는 것이다.

여기까지 부자로서의 삶을 사는 것이 어떤 것인지 알아보았다.

기쁘고 행복한 삶,

감사하는 삶,

베푸는 삶,

주어진 부를 효과적으로 쓰는 삶,

'그 무엇'과 소통하는 삶이다.

부자로서의 삶을 살면 부자고, 부자가 됐으니 그것으로 끝이다.
이 책도 여기에서 끝을 맺을 수도 있다.
하지만 마지막까지 책임을 다하기 위하여, 이렇게 살 때 어떤 일이 벌어지는지 다음 장에서 알아보기로 한다.

IV
...
모든 것이 합하여 선을 이룬다
[따라서 '그 무엇'의 뜻에 따라 살려고 하는 마음가짐이 곧 부(富)의 원천이라고 할 수 있다]

앞의 장에서 부자로서의 삶에 대해서 알아봤다.
이 장에서는 부자로서의 삶을 살면 어떤 일이 벌어지는지 알아보기로 한다.
미리 결론부터 내리면, 다음과 같은 일이 벌어진다 :

    주어진 부를 가장 효과적으로 쓰면서,
    확고히 부자의 길로 들어서고,
    계속 부자로 남아,
    부자로서의 삶을 즐기게 된다.

주어진 부를 효과적으로 쓰는 것에 대해서는 전장에서 이미 이야기했다.

이제 어떻게 확고히 부자의 길로 들어서고, 계속 부자로서의 삶을 즐기게 되는지를 알아보기로 하자.

1. '그 무엇'의 뜻대로 살아간다

부자로서의 삶을 한마디로 표현하면 '그 무엇'의 뜻에 따라 사는 것이다.
부자로서의 삶을 나타내는 특징들, 즉,
기뻐하는 것,
감사하는 것,
베푸는 것,
주어진 부를 효과적으로 쓰는 것,
'그 무엇'과 소통하는 것, 이 모두가 '그 무엇'의 뜻에 맞는 것이다.
따라서 부자는 자기의 뜻과 '그 무엇'의 뜻을 하나로 조율시킨 사람이라고 할 수 있다.
자기가 원하는 것과 '그 무엇'이 원하는 것이 하나의 방향으로 통합된 것이다.
자기가 원하는 것을 추구하는 것이 곧 '그 무엇'이 바라는 방향으로 가게 된 사람이다.
'그 무엇'이 바라는 대로 살아도, 그것이 곧 자기가 바라는 것이 실현되는 삶이 된 사람이다.
자기의 뜻과 '그 무엇'의 뜻이 한 방향으로 조율된 사람에게 어떤 일이 일어나는지 성서의 여러 곳에 기록되어 있다.
나의 짧은 성서 지식으로 그저 내가 아는 몇 가지만 인용하면 다음과 같다 :

여호와는 나의 목자시니 내게 부족함이 없으리로다(시편 23:1)

그런즉 너희는 먼저 그의 나라와 그의 의를 구하라 그리하면 이 모든 것을 너희에게 더하시리라(마태복음 6:33)

내게 능력 주시는 자 안에서 내가 모든 것을 할 수 있느니라(빌립보서 4장 13절)

너희가 내 안에 거하고 내 말이 너희 안에 거하면 무엇이든 지원하는 대로 구하라 그리하면 이루리라(요한복음 15:7)

우리가 알거니와 하나님을 사랑하는 자 곧 그의 뜻대로 부르심을 입은 자들에게는 모든 것이 합력하여 선을 이루느니라(로마서 8:28)

이 말씀들을 종합해 보면, '그 무엇' 안에서 '그 무엇'의 뜻에 따라 사는 것이 성공과 부의 원천이라고 말할 수 있다.

부(富)의 근원은 당연히 이 세상 전체를 창조한 '그 무엇'에 있다.

따라서 '그 무엇'의 뜻을 따라 사는 사람에게 필요한 부(富)가 주어지는 것은 당연한 일이다.

따라서 '그 무엇'의 뜻에 따라 살려고 하는 마음가짐이 곧 부(富)의 원천이라고 할 수 있다.

마음가짐이기에 부의 원천은 모든 사람의 마음속에 있다.

여기서 누구나 부자로서의 삶을 살아갈 수 있는 가능성이 나온다.

체제의 요구에 의해 내 뜻대로 내 힘만으로 부자가 되려 했을 때는, 부자가 될 확률이 영(Zero)에 가까웠다.

모든 사람이 부자가 될 확률은 완전 영(Zero)이었다.

하지만 우리는 여기서 모든 사람이 부자로 살 수 있는 방법을 찾았다.

이 방법대로만 하면 모두가 부자로 살 수 있다.

누구나 '그 무엇'의 뜻에 따라 살려고 하는 마음가짐, 그 하나로 각자의 마음속에 부(富)의 원천을 갖게 된다.

부(富)의 원천만 주어지는 것이 아니다.

앞서 인용한 성경 구절에 의하면, 모든 것이 합하여 선을 이루고, 부족함이 없고, 모든 것을 원하는 대로 받고, 모든 것을 할 수 있다고 했다.

이 말씀대로 된다면 확고히 부자로서의 삶을 이어갈 수 있다.

어떻게 그렇게 되는지, 어떤 일이 벌어지는지 더 자세히 알아보기로 한다.

2. 필요한 부(富)가 알아서 채워진다

구약성서 시편 23편에서 다윗은 "여호와는 나의 목자시니 내가 부족함이 없으리로다"라고 했다. 양들이 목자를 따르듯, 여호와의 인도함을 따라가면 모든 부족함이 채워질 거라는 말이다.

직접적으로 부족함을 채우려 하지 않아도 부족함이 알아서 채워지게 된다는 것을 의미한다.

필요한 것을 하나 하나 요구할 필요도 없이, 요구하기도 전에.

나는 이것을 '부산물의 원리'라고 부르고자 한다.

우리가 원하는 것은 대개 다른 것을 추구할 때 부산물로 주어진다.

우리가 원하는 것을 직접 추구할 때는 원하는 것이 오히려 달아난다.

반면, 다른 것에 몰두하다 보면 원하는 것이 딸려 온다.

이런 예는 우리 일상생활에서 흔히 볼 수 있다 :

직접적으로 부(富)를 추구하면, 부(富)가 오히려 멀어지지만, 부(富)를 잊고, 다른 사람을 위해 일하다 보면 원하던 부(富)가 부산물로 딸려 오게 된다.

행복에 이르는 직접적인 길이라 여겨지는 성공과 출세와 부와 명예와 권력을 추구하면 행복은 더 멀리 도망간다.

성공과 출세와 부와 명예와 권력을 추구하는 과정에서 행복을 찾을 수 없고, 설사 성공하고 출세하고 부와 명예와 권력을 누리게 되더라도, 행복은 커녕, 오히려 허탈감, 외로움만 쌓인다.

그러나 나의 행복은 잊은 채, 다른 사람의 행복을 빌어 주고 다른 사람의 행복을 위해 일하는 가운데 나는 저절로 행복해진다.

올라가려는 산을 바라보면 까마득하게 멀어 보인다.

언제 정상에 도달할지 한숨부터 나온다.

그러나 걸어가는 한 걸음, 한 걸음, 주변 경치, 옆 사람과의 대화를 즐기다 보면 어느새 정상에 와 있는 자신을 발견한다.

목표를 보면 목표가 까마득하게 멀어 보인다.

언제 달성할지 한숨부터 나온다.

그러나 목표에 이르는 과정 자체를 즐기다 보면 어느새 목표에 도달한 것을 발견하고 놀란다.

두꺼운 책을 읽을 때, 어서 빨리 다 읽기를 바라고, 남아 있는 두께를 자꾸 보면 진도가 잘 안 나간다.

남아 있는 페이지를 헤아리지 말고, 책 내용을 즐기거나, 즐기진 못하더라도 그저 묵묵히 읽다 보면, 어느새 다 읽게 된다.

시간을 정해 놓고 명상을 할 때, 언제 끝나려나, 자꾸 시계를 흘끔 흘끔

쳐다보면, 시간이 안 흘러 간다. 더디 간다. 명상에 몰두하다 보면,
어느새 한 시간이 훌쩍 지나간다.

독서를 즐기면 어느새 공부를 잘하는 학생이 된다.

적당하게 꾸준히 운동을 즐기면 체중 조절이 된다.

고생에서 벗어나려 하기보다 고생을 기꺼이 받아들이면 어느새
고생에서 벗어나게 된다.

지금까지 부자로 가는 길이라고 소개된 길은, 거의 모두 "진인사 대천명
(盡人事待天命)"의 길이다. 사람이 할 일을 다하고 결과는 하늘의 뜻에 맡
긴다는 얘기다.

그 길은 부자가 되는 것을 직접적으로 추구하는 길이다.

먼저 부자가 되겠다는 목표를 세우고, 그 목표를 달성하기 위하여 모든 생
각 능력과 노력을 동원한다.

필자가 말하는 길은 "지천명 순천행(知天命順天行)"의 길이다.

하늘의 뜻이 무엇인지 알아내서, 그 뜻에 따라 행한다는 얘기다.

이 길은 다음과 같이 하는 길이다.

이 길은 굳이 목표라고 할 것이 없는 길이다.

'그 무엇'의 뜻을 알아내서 그 뜻을 실현하는 것이 목표라면 목표다.

그 실현 과정에 '그 무엇'의 능력이 발휘된다.

이 길을 가는 사람은 '그 무엇'의 힘이 발휘되는 통로일 뿐이다.

부자가 되는 것을 추구하지 않지만, 필요한 부(富)와 풍요는 부산물로 때
맞춰 들어온다.

손자병법에 나온다. 이겨 놓고 싸우라는 말.

진인사 대천명(盡人事待天命)은 결과를 하늘에 맡긴다는 말이니, 이길지 질지 모르면서 최선을 다한다는 말이다. 비장해 보일진 몰라도, 현명한 길은 아닌 것 같다.

지천명 순천행(知天命順天行)은 '그 무엇'과 뜻을 같이하여, '그 무엇'의 후원을 등에 업고, '그 무엇'과 한편이 되어 나아가는 것이다.

결과만을 하늘에 맡기는 것이 아니라, 출발하기 전부터 시작해서, 가는 걸음 하나 하나를 하늘에 맡기고 나아가는 것이다.

우리의 작은 힘과 지식에 비해 '그 무엇'의 힘과 지식은 비교가 안 될 정도로 막강하고 크다.

어느 길을 가는 것이 현명한 것인지 누가 봐도 뻔하다.

목자는 양들을 풀밭으로 인도한다.

여호와는 당신을 따르는 우리들을 부족함이 없게 해 주신다.

목자를 따라가기만 하면, 양은 부산물로 풀을 얻고,

여호와를 따라가기만 하면, 우리에겐 부족함이 없는 삶이 부산물로 딸려온다.

3. 스스로에 대한 인식이 달라진다

보통 사람들은 자기를 모자라는 사람이라 여긴다.

머리도 천재가 아니다.

미남/미녀도 아니고, 몸이 잘 빠진 것도 아니다.

힘이 세지도 동작이 재빠르지도 못하다.

성격도 그렇고, 특별한 재능이 있는 것 같지도 않다.

말도 잘 못하고 지도자로서의 자질도 없다.

학력, 경력도 그저 그렇고 집안 배경도 크게 내세울 것이 없다.

위에 든 것 모든 게 다 해당되지 않아도, 누구에게나 한두 가지의 열등감은 다 있다.

오히려 뛰어난 사람일수록 느끼는 열등감도 크다고 한다.

그런데 우리 각자에게는 유일한 존재라는 무한한 가치가 부여되었다는 것을 알게 되었다.

유일한 존재에게 걸맞은 유일한 자리가 마련되어 있다는 것도 알았다.

유일한 존재를 유일한 자리로 이끄는 내부 인도자가 있는 줄도 알았다.

유일한 자리를 채우는 데 필요한 모든 자질과 환경이 부여되었음도 안다.

'그 무엇'의 섭리가 유일한 존재를 통해 살아 움직이고 있음을 느낀다.

지금 유일한 존재만이 할 수 있는 유일한 사명을 수행하고 있는 중이란 걸 인정한다.

이제 더 이상 열등감에 빠지지 않는다.

나는 나대로 있는 그대로 무한한 가치를 갖고 있는 것이다.

나만이 할 수 있는 유일한 일을 하기 위해 필요한 모든 것을 부여받은 것이다.

나만이 할 수 있는 유일한 일을 하기 위해 최적화되어 있는 것이다.

못나고 못생기고 굼떠도 상관없다. 다 괜찮다.

그런 것 모두가 나의 유일한 가치를 만들어 주는 것이니까, 있는 그대로 나는 행복하다.

사는 동안 겪었던 서러움, 고난, 고통, 어려움, 실패도 다 이해가 된다.

그것을 겪은 것으로 인한 아픔, 안타까움이 사라진다.

그것을 통해 지금의 내가 존재하는 것이고, 지금의 내가 유일한 가치로 우뚝 서 있는 것이다.

있는 그대로의 나를 사랑하고 나의 가치를 인정하며 나에 대해 긍지를 갖게 된다

따라서 나는 나에게 필요한 모든 것을 받아 누릴 수 있는 자격을 갖고 있음을 안다.

따라서 나는 나에게 필요한 모든 것을 받아 누릴 수 있는 가치를 지니고 있음을 안다.

따라서 나는 나에게 필요한 모든 것을 받아 누린다.

주저하지 않고 망설이지 않고 두려워하지도 않고 부끄러워하지도 않는다.

마음껏 받아 누린다.

나는 내가 스스로 만든 열등감에서 벗어난다.

열등감으로 스스로를 묶은 구속에서 벗어난다.

나를 용서한다. 있는 그대로의 나를 받아들인다.

본래의 모습으로 돌아가 자유로운 존재가 된다.

4. 부와 부자에 대한 인식이 달라진다

보통 사람들은 부와 부자에 대한 부정적인 인식을 갖고 있다.

돈은 악의 근원이다.

돈이 원수다.

더러운 돈

쓰는 건 쉬워도, 돈을 버는 건 어렵다.
돈으로 행복을 살 수는 없다.
돈으로 사람을 살 수 없다.
부자가 더 지독하다.
부자는 깍쟁이다.
부자는 부도덕하다.
부자는 사기꾼이다
부자는 무자비하다.
부자는 이기적이고 건방지다
정직하게 해서는 부자가 될 수 없다.
도덕적인 사람은 돈을 추구해서는 안 된다.

이런 것이 보통 사람들에게 퍼져 있는 일반적인 생각이다.
사람들은 부를 원하고 부자가 되기를 원하면서도 이런 식으로 부와 부자를 부정적으로 보고 있는 것이다.
다음과 같은 서로 상반적인 생각이 사람을 혼란스럽게 만든다 :

"돈은 더럽고 원수며, 악의 근원이다. 그렇지만 나는 당장 돈이 필요하다"
"부자는 지독하고 부도덕하며 사기꾼이고 무자비하며 이기적이고
건방지다. 그렇지만 나는 부자가 되고 싶다"

부와 부자에 대한 이런 부정적 인식이 스스로를 부와 부자로부터 멀리 떼어 놓는다는 사실에 주목해야 한다.

이런 부정적 인식을 가지고 부자가 되는 것은 불가능하다.

부와 부자를 직접적으로 추구하여 되도록 많은 재물을 끌어 모아야 부자가 된다는 생각이 이런 인식을 만든다.

부자를 그저 돈과 재물이 많은 사람으로 정의하기 때문에 이런 오해가 생긴 것이다.

우리 모두가 이미 부자라는 사실을 알았으므로, 우리는 더 이상 부자를 부정적으로 바라보지 않는다.

부자에 대한 부정적 인식이 긍정적으로 바뀐다.

가진 것을 잘 쓰는 사람이 부자라고 인식했으므로, 부자에 대한 부정적 인식이 저절로 사라진다.

우리 모두가 이미 많은 것을 받아 가진 부자이고, 그것을 잘 쓰는 사람이 부자라는 인식은 부자에 대한 부정적 이미지를 말끔히 씻어 낸다.

빛이 들어오면 어둠이 사라지고 밝음만 남듯이, 자연스럽게 부정적 이미지가 긍정적 이미지로 대체된다.

돈과 재물은, 우리가 올바른 길을 가고 있으면, 알아서 주어지는 것이다.

이런 맥락에서 보면, 돈과 재물은 '그 무엇'이 '그 무엇'의 뜻을 실현하고자 하는 사람에게 주는 선물이다.

돈과 재물은 유일한 존재인 우리가 유일한 사명을 수행할 때, 필요한 도구 중의 하나다.

그것은 '그 무엇'의 뜻을 이 세상에 실현하는 데 아주 유용하게 쓰인다.

이런 측면에서 보면, 돈과 재물은 중요하고 필수적이고 좋은 도구다.

모든 도구는 쓰기 나름이다.

좋은 것을 위해 쓰면 좋은 것이고, 나쁜 것을 위해 쓰면 나쁜 것이다.

칼을 요리에 쓰면 좋은 것이지만, 살인에 쓰면 나쁜 것이 되는 것과 같은 맥락이다.

돈으로 행복을 살 수는 없지만 사람들이 행복을 느끼도록 돈을 쓸 수 있다.

돈으로 사랑을 살 수는 없지만, 상대방이 사랑을 느낄 수 있도록 돈을 쓸 수 있다.

네덜란드에서 유래했다는 다음과 같은 글이 있다 :

돈으로 집을 살 순 있지만 가정을 살 순 없다.
돈으로 시계를 살 순 있지만 시간을 살 순 없다.
돈으로 침대를 살 수 있지만 잠은 살 순 없다.
돈으로 책을 살 순 있지만 지식은 살 순 없다.
돈으로 의사는 살 순 있지만 건강은 살 순 없다.
돈으로 직위는 살 순 있지만 존경은 살 순 없다.
돈으로 피를 살 순 있어도 생명은 살 순 없다.
돈으로 여자는 살 수 있어도 사랑은 살 수 없다.

필자는 이에 대해 다음과 같이 말한다 :

돈은 가정을 꾸리는 데 필요한 유용한 도구다.
돈은 시간을 절약하는 데 쓰이는 유용한 도구다.(내가 할 일을 돈을 주고 다른 사람에게 위임할 수 있다.)

돈이 있으므로 우리는 안심하고 잠잘 수 있다.(돈이 있으므로 빚 독촉, 생활 걱정에서 벗어난다.)

돈은 다른 사람의 지식을 빌릴 수 있는 도구다.

돈을 잘 쓰면 다른 사람의 존경을 받는다.

돈은 우리의 건강을 위해 쓰일 수도 있다.

돈은 우리의 생명을 연장하는 데 쓸 수 있는 유용한 도구다.

돈은 여자에게 사랑을 보여 주는 마음의 선물을 사는 데 쓰일 수도 있다.

돈과 재물을 '그 무엇'의 뜻을 실현하는 데 사용하는 우리는 안심하고 다음과 같이 말할 수 있다 :

돈과 재물도 '그 무엇'이 창조한 것이다.

돈과 재물은 좋은 것이다.

'그 무엇'의 선물이다.

나는 돈과 재물을 좋아한다.

나는 돈과 재물을 사랑한다.

나는 부자인 내가 좋다.

부자는 훌륭한 사람이다.

부자로 사는 것은 우리의 의무이자 권리다.

5. 부자에 대한 정의가 바뀐다

우리는 흔히 돈을 비롯한 재산이 많은 사람을 부자라고 생각한다.
이렇게 부자를 좁은 의미로 정의하기 때문에, 돈과 재산을 많이 모아서, 소유하고 있어야 부자라고 생각한다.
부자라고 불릴 만큼 돈과 재산을 모으려면 평생 고생해도 모자란다.
그래서 한평생 부자가 되기 위해 고생한다.
많이 벌어도 빠듯하게 살아간다.
돈과 재산을 많이 모으지 않아도 부자라는 사실을 모른다.
자기가 이미 부자라는 생각을 하지 못한다.
부자로서 가진 것을 나누는 삶을 당장 시작할 수 있다는 것은 더더욱 알 수 없다.

모파상의 단편 소설 '진주 목걸이'에 나오는 부인과 같다.
그 부인은 목걸이를 빌렸다 잃어버리는 바람에, 그걸 갚아 주기 위해 평생을 고생한다.
목걸이가 가짜라서 그렇게 돈을 벌려고 평생을 바칠 필요가 애초에 없었는데……
부자의 정의를 다시 내리면 돈을 벌려고 평생을 바칠 필요가 없다는 걸 안다.
돈이나 재산이 많다고 진정한 부자가 아니다.
돈이나 재산이 아무리 많아도 더 많은 돈과 재산을 탐하는 사람은 진정한 부자가 아니다.

오히려 가난한 사람이다.

돈이나 재산에 의지하고, 그것이 없어지면 큰일이라고 걱정하는 사람도 진정한 부자가 아니다. 이런 부자는 가진 재산을 다 팔아 나누어 주라는 말에 겁을 먹는다.

신약성서의 부자와 낙타의 비유에 나오는 부자가 바로 이런 부자다.

그는 진정한 부자가 아니었다.

그저 재산만 많은 무늬만 부자인 사람이었다.

재산을 소유하는 것이 허망한 것임을 보여 주는 "진정한 부"라는 제목의 이야기를 소개한다.

진정한 부

어느 날 매우 부유한 집안의 아버지가 자기 아들을 데리고 시골로 여행을 떠났다. 가난한 사람들이 사는 모습을 보여 줌으로써 그의 부유함에 아들이 감사하기를 바라는 마음에서였다. 그들은 며칠 밤낮을 가난한 가족이라고 여겨지는 사람들이 사는 농장에서 보냈다. 돌아오는 길에 아버지가 아들에게 물었다.

"여행 어땠어?"

"아주 좋았어요, 아빠"

"사람이 얼마나 불쌍할 수 있는지 보았니?" 아버지가 물었다.

"그럼요" 아들이 대답했다.

"그래 여행에서 어떤 교훈을 배웠지?" 아버지가 물었다.

아들이 대답했다.

"우리는 개가 한 마리인데, 그들은 네 마리였어요. 우리는 정원의 반 정도 되는 수영장을 가졌는데, 그들은 끝없이 긴 시내를 가졌어요."

"우리는 정원에 수입한 랜턴이 있는데, 그들은 밤에 별을 가지고 있었어요."

"우리 안뜰은 앞뜰까지인데, 그들은 지평선 전체까지였어요"

"우리는 살고 있는 약간의 땅을 소유했는데 그들의 들판은 보이지 않는 저 너머까지 펼쳐져 있었어요."

"우리는 우리 일을 해 주는 몇 명의 하인을 두었는데, 그들은 서로 봉사하고 있었어요."

"우리는 먹을 것을 사는데, 그들은 직접 재배했어요."

"우리는 우리 재산을 보호하는 담장을 둘렀는데, 그들은 그들을 지켜주는 친구가 있었어요."

이 말을 들은 아버지는 할 말을 잃었다."

아들이 덧붙여 말했다.

"우리가 얼마나 가난한지 보여 주셔서 감사해요."

진정한 부자는 재산의 크기와 아무 상관이 없다.
진정한 부자는 지금 당장 땡전 한 푼 없어도 부자다.
미국 부동산 재벌 도널드 트럼프는 성공과 실패를 여러 번 거듭하며 재벌과 파산자 사이를 왔다 갔다 했다. 그래도 우리는 그를 재벌이라고 부른다.
부동산 투자 상담가인 로버트 G. 앨른은 지갑도 없이 홀홀단신으로 낯선 곳에 자기를 내려 놓아도 다시 재기할 수 있다고 큰소리쳤고, 실제로 그렇게 하는 데 성공했다.

에리히 프롬이 말했다.

"많이 가진 사람이 부자가 아니다. 많이 주는 사람이 부자다."

부자는 줄 것이 있고, 그것을 현명하게 주는 사람이다.

주고 나면 줄 것이 없어지는 사람은 일회용 부자일 뿐이다.

주어도 계속 줄 것이 있어야 부자다.

주어도 계속 줄 것이 있으려면, 계속 부(富)가 들어오는 원천이 있어야 한다.

진정한 부자는 자기의 내부에서 무한한 부(富)의 원천을 발견한 사람이다.

진정한 부자는 태어나면서부터 우리가 이미 부자라는 것을 알게 된 사람이다.

부자로 사는 것이 이미 태어나면서부터 주어진 권리라는 것을 아는 사람이다.

부(富)를 누리는 것이 모든 사람의 기본이라는 것을 안 사람이다.

따라서 진정한 부자는, 이렇게 생각한다 :

"우리가 할 일은 부자가 되기 위해 노력하는 것이 아니다.

우리가 진짜 할 일은, 주어진 부(富)를 어떻게 하면 보람 있게 잘 쓸 것인가를 고민하는 것이다."

주어진 부(富)를 잘 쓰는 사람이 진정한 부자다.

주어진 부(富)를 잘 쓰면, 그 부(富)가 부메랑이 되어 더 많은 부(富)로 되돌아온다.

진정한 부자가 발견한 자기 내부의 무한한 부(富)의 원천은 다음과 같은 것들이다 :

몸,
마음,
재능,
시간,
내부 인도자의 존재를 인정하고, 내부 인도자와 소통하면서,
내부 인도자가 이끄는 대로 따라가는 것
유일한 존재로서의 가치, 유일한 존재로서 차지하고 있는 유일한
공간적 시간적 위치, 유일한 사명, 유일한 사명의 실현과 그 과정에서
나오는 내부신성의 무한 공급,
감사하고 보은하려는 의도에서 나오는 나눔과 베풂의
실천과정으로서의 사업과 일 등.

무한한 부(富)의 원천을 지닌 우리는 이것을 마음껏 써야 한다.
부(富)의 원천을 몰랐을 때는 줄 게 없다고 생각했었다.
그러나 이젠 아니다.
이제부터 없다 하지 말고, 되도록 자주 많이 퍼 주어야 한다.
있는 재능을 나누고, 시간을 나누는 일은 지금 당장 할 수 있는 일이다.
책이며, 옷가지며, 정리해 보면, 쓰지 않는 물건이 많다.
그걸 필요한 사람에게 돌아가도록 하는 일도 좋다.
부(富)의 원천을 발견하여, 이미 부자라는 것을 아는 것만으로는 반쪽 부

자밖에 안 된다.

있는 것, 줄 수 있는 것을 주고 나눌 때 나머지 반쪽이 채워져 온전한 부자가 된다.

부메랑 원리, 샘물 원리, 순환의 원리가 작동하여, 주면 줄수록 더 솟아나고 다시 돌아오고 흘러 넘친다.

그렇지만 부(富)의 원천을 발견하지도 못하고, 이미 부자라는 것을 알지도 못하면서, 그냥 주는 것은 위험하다.

자칫하면 혼자 쪽박을 차게 된다.

부(富)의 원천을 발견하여, 이미 부자라는 것을 알고, 부(富)의 원천과 연결되어 있어야 마음 놓고 줄 수 있다.

내가 먼저 살아야 다른 사람도 살린다.

무조건 많이 주자는 말이 아니다.

자기 형편과 받는 사람의 형편에 맞게 주어야 할 것이다.

무조건 주면 오히려 그 사람의 자립의지를 꺾을 수도 있다.

나중엔 받는 것을 당연히 여길지도 모른다.

심지어 더 내놓으라고 할지도 모른다.

그러니 주긴 주되 어떻게 주는 것이 좋은 것인지 고민해야 한다.

진정한 부자는 자기 내부에서 무한한 부의 원천을 발견하였으므로,
쓸데없이 부를 축적하여, 그것을 관리하느라 고생하는 짓을 하지 않는다.
진정한 부자는 필요한 때에 필요한 부가 주어질 것이라는 것을 알고 있다.

진정한 부자는 자기 내부에서 무한한 부의 원천을 발견하였으므로,

이 세상에 무한한 부가 존재함을 알고 있다.
우리 모두가 풍요에 둘러싸여 있음을 본다.
과학과 기술의 발전으로 계속 새로운 부가 창출된다는 것을 인정한다.
따라서 내가 많이 가지면 다른 사람이 덜 가지게 된다는 생각을 하지 않는다.

진정한 부자는 자기 내부에서 무한한 부의 원천을 발견하였으므로,
가진 재산이 잠시 줄어들진 몰라도 절대로 다시 가난해질 수 없다.
소유 재산이 줄어들 것을 걱정하지도 않는다.
소유가 줄어 들면, 그대로 가난을 즐기고, 가난이 주는 교훈을 새긴다.
가난만이 줄 수 있는 기회를 활용하려 한다.
필요에 따라 가난이 온 것이기에, 언제든 필요에 따라 필요한 부(富)가 다시 들어올 것임을 안다.

진정한 부자는 자기 내부에서 무한한 부의 원천을 발견하였으므로,
그 무한한 부의 원천에 감사한다.
감사하는 만큼 그 은혜에 보답하기 위해 자기에게 주어진 부를 가치 있게 쓰는 데 노력을 경주한다.

진정한 부자는 자기 내부에서 무한한 부의 원천을 발견하였으므로,
그것이 자기 것이라기보다 자기에게 주어진 것이고, 부의 원천으로부터 부의 관리를 위탁받았다고 생각한다.
부의 원천인 자기 내면에서 나오는 소리에 귀 기울이고 그 소리에 따라 부를 관리한다.

이것이 무소유의 진정한 의미다.

사람이 아무 물건도 소유하지 않고 생활할 수는 없다.

나에게 관리권만 주어진 것으로 여기고, 주어진 재물을 잘 관리하는 것이 진정한 무소유다.

이런 심정이라면, 얼마든지 많은 부를 소유하고 관리해도 무소유의 정신에 어긋나지 않는다.

진정한 부자는 자기 내부에서 무한한 부의 원천을 발견하였으므로, 다른 사람에게도 똑같이 부의 원천이 존재함을 알고 그것을 본다.

서로 도와 부를 창출하고 같이 부를 누린다.

진정한 부자는 자기 내부에서 무한한 부의 원천을 발견하였으므로, 다른 사람의 부를 부러워하거나 시기할 수 없다.

오히려 다른 사람의 부의 원천이 드러난 것을 축하하고 기뻐한다.

그의 업적에서 영감을 얻고 배울 점을 찾는다.

따라서 진정한 부자는 항상 부자로 존재한다.

사유재산의 인정은 좋은 일이다.

그것은 인류가 만들어 낸 일종의 게임의 규칙들이다.

그 게임의 룰 안에서 우리는 주고받고 하면서 소유가 늘기도 하고 줄기도 한다.

그러나 우리가 진정 잊지 말아야 할 것은 이것이 필요에 의해 인위적으로 만들어진 규칙에 의한 게임이지 자연의 진정한 모습은 아니라는 것이다.

안타까운 것은 이런 게임과 룰이 우리의 진정한 모습을 가리고 오도한다는 것이다.

게임은 즐기라고 있는 것이지, 게임의 결과에 넘어져 진실을 모르고 가난, 부족, 결핍에 걸려 불행해지라고 있는 것이 아니다.

게임 결과에 일희일비할 필요가 없다.

게임 안에서 우리 각자가 스스로의 노력으로 부를 쟁취하려 하는 순간, 우리는 부의 원천을 잃어버리고, 오히려 주어진 부를 잃어버리기 쉽게 된다. 이것이 가난의 시작이다.

앞서 이야기한, 잡으면 삐꾸러진다는 말이 이 말이다.

이미 부자인데 노력으로 쟁취하려 하기 때문에 가난으로 떨어지는 것이다.

이것이 부의 원천을 떠난 연유로, 가난으로 고생하는 탕자가 되는 이유다.

탕자의 비유에 나와 있듯이, 다시 부를 누리는 비결은 다시 부의 원천으로 복귀하면 된다.

부의 원천은 항상 내 안에 있었다.

탕자 되기 이전에도 있었음은 물론이고, 탕자로 머물던 때에도 있었고, 복귀하여 탕자를 벗어난 시점에도 있었다.

탕자가 된 것은 잠시 부의 원천을 외면했기 때문이다.

그것뿐이다.

우리가 다시 돌아와 부의 원천을 인정하고 받아들이면 다시 그 연결은 복구된다.

부의 원천은 탕자의 아버지와 같이 탕자를 환영하고 다시 아들로 받아들이고 환영하고 잔치를 베풀 것이다.

가난은 우리 본래의 모습이 아니다. 단지 인위적 게임의 결과물일 뿐이다.

우리의 진정한 모습은 본래 부자다.

우리 모두는 진정한 부자로서 내부에 무한한 부의 원천을 갖고 있다.

6. 부의 원천을 제대로 알게 된다

우리는 어쩌면 부의 원천이 우리의 노력에 있다고 세뇌되어 있는지도 모른다.

우리의 알바, 직장 생활, 아이디어와 그것의 실천, 현명한 투자…… 이런 것을 통하여 부를 만들어 낸다고 여기기 쉽다.

직장생활을 하는 사람들은 회사 사장이 급여를 준다고 무심코 생각한다.

그러나 회사 사장이 주는 급여는 고객의 호주머니에서 나온 것이다.

널리 회자되는 "개처럼 벌어서 정승처럼 쓴다"는 말에서 "개처럼" 버는 것을 부의 원천으로 여기는 경향이 보인다.

흔히 우리는 자수성가만이 진실한 성공이라고 여긴다.

자신의 힘으로 성공하고 부자가 되는 것에 의미를 둔다.

쉽게 번 돈은 쉽게 나간다는 말에서도 어렵게 고생해서 벌어야 진짜 내 돈이라는 생각을 엿볼 수 있다.

"이 세상에 공짜 점심은 없다", "공짜를 바라지 마라. 공짜를 바라면 대머리 까진다"는 말도 무언가를 얻으려면, 개인의 노력을 대가로 지불해야 한다는 것을 의미한다.

우리는 선생님과 부모로부터 이런 말을 자주 듣고 자란다.

"안정된 직장, 좋은 직장에 취직해야 잘 살 수 있다.

잘 살려면 안정된 직장, 좋은 직장에 취직해야 한다.

좋은 학벌, 스펙을 올려야 그것이 가능하다.
지금부터 열심히 노력하고 공부해서 성적을 올려야 한다"

자연스럽게 성공과 부의 원천을 자기 노력에 있다고 믿게 된다.
모두 좋은 의미로 하는 말이었지만, 그 말이 우리의 삶을 힘들게 하고 어렵게 만든다.
우리가 열심히 고생하고 노력해야 성공도 하고 잘 살 수 있다는 말이다.
이런 말들이 부의 원천이 우리의 노력에 있다고 믿게 만든다.
(진정한 부자도 물론 노력하고 고생한다. 그런데 진정한 부자의 노력과 고생은 돈을 벌고 재물을 얻으려는 노력과 고생이 아니다. 그리고 그 노력과 고생은 힘들고 어려운 것이 아니라 오히려 즐겁고 가슴 뿌듯해지는 노력이고 고생이다.)
이 밖에도 부의 원천을 오도하는 말이 많이 있다.
돈이 돈을 번다는 말, 이 말은 사람들로 하여금 부의 원천이 돈에 있다고 착각하게 한다.
재벌 2세와 같이 부자 아빠를 만나야 부자가 된다는 생각을 하면, 부의 원천이 부자 아빠에 있다고 착각하는 셈이다.
착하면 부자가 될 수 없다고 여기면, 부의 원천을 부도덕한 일, 부정부패라고 인정하는 꼴이 된다.
절약해야 부자가 된다는 생각은 잘못하면 부의 원천을 구두쇠 노릇에 있는 것으로 오인하게 만든다.
부동산, 주식 투자, 등 재테크를 잘해야 부자가 된다는 생각은 부의 원천을 재테크라고 잘못 판단하게 한다.

부의 원천을 어디에 두느냐에 따라 부자가 되기 위한 방법이 달라진다.
부의 원천을 제대로 알아야 올바른 방법이 나온다.

여기 "풍요 성공 사랑"이라는 재미있는 이야기를 소개한다.

풍요 성공 사랑

어느 여인이 집 앞에 흰 수염을 길게 늘어뜨린 세 분의 노인이 집 앞에 앉아 있는 것을 발견했다. 그녀는 그들이 누구인지 몰랐다. 그녀가 말했다.
"처음 뵙지만, 시장하실 것 같아요. 들어오셔서 뭘 좀 드시지요"
"남편 되시는 분이 댁에 계신가요?" 그 노인들이 물었다.
"아니요" 그녀가 대답했다. "아직 안 돌아오셨어요"
"그렇다면 들어갈 수 없소" 그들이 대답했다.
저녁이 되어 남편이 귀가하자 그녀는 그동안 일어났던 일을 남편에게 말했다.
"가서 내가 돌아왔으니 들어오시라고 하시요"
그녀는 집 앞의 노인들을 초대하여 안으로 들라고 했다.
"우리는 집 안에 같이 들어갈 수 없소" 그들이 말했다.
"무슨 연유신가요?" 그녀가 물었다.
노인 중의 한 사람이 설명했다 :
그는 일행 중의 한 사람을 가리키며 "이분의 이름은 풍요입니다"라고 말했다.
그리고 다른 사람을 가리키며, "이 사람은 성공, 그리고 나는 사랑입니다"
이어서 말하기를 "이제 집으로 돌아가서 남편과 우리 중에 누구를 먼저 들어오게 할지 의논하시오.

여인은 집으로 들어가 남편에게 그들이 한 이야기를 전했다.

남편은 기뻤다.

"좋은 일이야!"

그는 말했다. "그렇다면 풍요를 초대하자. 그를 초대하여 우리 집을 풍요로 가득 채우자!"

아내는 그 말에 찬성하지 않았다.

"성공을 초대하는 게 어때요?"

조카 딸이 저쪽 구석에서 그 말을 듣고 있었다.

그녀가 끼어 들며 말했다.

"사랑을 초대하는 게 더 낫지 않을까요? 그러면 우리 집이 사랑으로 가득 할 거예요!"

"조카의 말대로 하자" 남편이 아내에게 말했다.

"나가서 사랑을 손님으로 초대하시오."

여인은 나가서 세 노인에게 말했다.

"어느 분께서 사랑이시죠? 들어오셔서 저희 손님이 되어 주세요"

사랑이 일어나 집으로 향했다. 다른 두 노인도 함께 일어나 그 노인을 따라갔다.

놀란 여인이 풍요와 성공에게 물었다 :

"사랑만 초대했는데, 왜 오시는 거죠?"

노인들이 함께 대답했다 :

"만약 당신이 풍요나 성공을 초대했다면, 나머지 두 사람은 밖에 있었을 거요. 그러나 당신이 사랑을 초대했기에, 그가 가는 곳이면 어디든 우리는 같이 갑니다. 사랑이 있는 곳이면 어느 곳이든 풍요와 성공이 있습니다"

사랑이 있으면 성공과 풍요가 따라온다는 이야기다.
부의 원천이 사랑에 있다는 말이다.
필자는 지금까지 부의 원천을 한마디로 말하면 '그 무엇'의 뜻을 실천하는 것이라고 말했다.
'그 무엇'의 뜻을 실천하는 것이 우리에게 주어진 부를 가장 효과적으로 쓰는 것이라고 했다.
그것이 우리의 가치를 살리고, 우리 자신을 살리고, 모두를 살리는 길이라고 말했다.
"풍요 성공 사랑" 이야기를 읽고 '그 무엇'의 뜻과 사랑이 어떤 관련이 있을까를 고민했다.
결국 '그 무엇'의 뜻이 사랑임을 알게 됐다.
우리의 가치를 살리고, 우리 자신을 살리고, 모두를 살리는 길이 곧 사랑이고 '그 무엇'의 뜻이었다.
사랑을 여러 사람이 여러 가지로 정의했지만, 필자는 사랑을 이 세상 전체를 하나로 보는 마음이라고 정의한다.
감사하다 보면 우리 각자가 따로 존재하는 것이 아니라, 우주 전체가 하나로 연결되어 있다는 것을 깨닫게 된다는 것을 말한 바 있다.
'그 무엇'의 관점에서 보면 이 세상 전체가 하나가 아닐까?
그런 관점에선 다른 사람에게 베푼 것이 곧 자기에게 베푼 것이 된다.
진정한 부의 원천은 '그 무엇'에 있다.

부의 원천이 내 안에 있게 만드는 것은 '그 무엇'의 뜻을 실천하는 것이다.
'그 무엇'의 뜻을 실천하는 것은 자기에게 주어진 것을 가장 효과적으로 베푸는 과정이며, 그것은 곧 사랑의 실천이다.
우리 인생도 그렇고, 부(富)도 그렇고, 이 모든 것이 다 '그 무엇'이 우리에게 주는 선물이다.
우리는 부의 원천이 어디에 있는지를 제대로 알았다.
따라서 부자로 사는 것이 어떻게 사는 것인지도 제대로 알았다.
부자로 살지 않을 수 없는 형편에 이르렀다.

7. 이 세상 전체가 하나라는 인식이 깃든다

'세계일화'란 말이 있다.
세계는 하나의 꽃이다. 이런 뜻이다.
'만법귀일'이란 말도 있다. 모든 법이 하나로 돌아간다는 의미다.
모두 불교에서 나온 말로 알고 있다.

천도교 2대 교주 해월 이시형 선생님은 만사를 안다는 것은 밥 한 그릇을 아는 데 있다고 했다.

이철수 판화가의 '밥 한 그릇'이란 판화가 있다.

그 판화 속의 밥 한 그릇 속에는 우주가 들어 있다.
해, 달, 산, 흙, 물을 품고 있는 밥 한 그릇은 하나의 커다란 우주다.

밥 한 그릇에서 온 우주가 하나로 연결된 것을 본 것이다.

밥 한 그릇이 만들어지기까지 온 우주가 동원되었다.

우선 볍씨가 되기까지 오랫동안의 진화 과정을 거쳤다.

그 볍씨가 싹을 틔우고 벼로 자라 쌀이 되기까지 해, 흙, 구름(물), 바람(공기)과 농부의 노력이 동원된다.

농부는 농기구와 퇴비 등 농사에 필요한 물질을 사용한다.

이렇게 조금만 생각해 봐도 꼬리에 꼬리를 물고 하나의 사물에 여러 사물이 연결되어 있음을 알 수 있다.

따로 따로 존재하는 듯 보여도 이렇게 모든 사물이 하나로 연결되어 있다.

무라카미 가즈오가 지은 "세상은 하나의 생명에서 시작되었다"라는 책에 의하면 약 38억 년 전쯤 지구에 하나의 생명이 탄생했다고 한다.

그 생명이 3천만 종이 넘는 생물로 갈라져 나갔다고 한다.

우리 모두는 하나의 생명에서 분화되어 나온 것이다.

쇼생크 탈출이란 영화 중 기억에 남는 장면 중 하나가 있다.

주인공이 교도소 전체에 어떤 오페라의 아리아를 틀어 주는 장면이다.

모든 수감자들이 그 음악에 감동받아 심취하여 듣는 모습은 정말 인상적이었다.

모든 사람들에게 서로 통하는 공감대가 있다는 것을 여실히 보여 주는 장면이다.

우리 모두에게는 서로 통하는 무언가가 있다.

그러기에 민족이나 국경, 언어, 인종 그 밖의 여러 차별을 뛰어넘어, 음악, 미술같은 예술 작품이나 소설, 영화에 감명받는다.

심리학에서는 잠재의식에서 깊이 들어가면 무의식, 집단 무의식이 있다고 한다.
무의식, 집단 무의식의 차원에서 우리는 감동을 공유하고 하나임을 확인하게 되는 것이 아닐까?

'그 무엇'의 관점을 한번 상상해 보자.
그 관점에서 보면 우리는 다 똑같은 사랑스런 자녀가 아닐까?
그래서 누구에게나 비가 내리고 햇빛이 쪼이는 것 아닐까?(마태복음)
악인이라고 그 사람 머리 위로 빗방울이 떨어지지 않고, 햇빛이 그 머리 위를 피해가는 법은 없다.
'그 무엇'의 관점에서 보면 우리는 하나다.

월인천강(月印千江), 달이 천 개의 강물에 그 모습을 도장 찍는다는 말이다.
말이 천 개지, 어디 천 개뿐이겠는가.
달이 비치는 모든 강을 들여다보면 거기에 똑같은 달이 있다.
"우리 안에 성령이 계신다"(고린도 전서 3:16)고 한다.
필자는 우리 안에 내부 인도자가 있다고 했다.
우리 모두 안에 같은 내부 인도자가 있다는 점에서 우리는 모두 하나다.
지금 한 이야기는 모두 우리가 하나라는 것을 말하고 있다.

모든 것이 하나로 연결되어 있다.
어느 것 하나도 따로 떨어져 있는 것 같이 보여도, 따로 떨어져 있는 것이 아니다.

수많은 존재가 서로 연결되어 하나를 이루고 있는 것이다.

그런 수많은 존재들이 우리와 연결되어 우리를 살리고 있다.

다른 존재가 없으면 우리는 한순간도 살아갈 수가 없는 것이다.

다른 존재가 우리의 은인이 되는 것이다.

은인이라면 그에게 감사하고 은혜에 보답하고 싶어진다.

저절로 베풀고 싶은 마음이 생겨난다.

그런데 신기한 것은, 우리 모두가 하나니까, 남에게 베푼 것이 곧 자신에게 베푼 것이 된다.

아무리 베풀어도 아깝지 않고, 자신을 대하듯 다른 사람을 대하게 된다.

이런 인식에 도달한 사람은 무엇을 해도 성공하게 되어 있다.

식품을 제조해도 내가 먹을 것이라고 생각하고 만든다.

집을 지어도 내가 살 집이라고 짓는다.

무엇을 만들어도 내가 쓸 것이라고 만든다.

고객을 대하기를 나를 대하는 것같이 한다.

종업원, 동료, 동업자, 하청업자, 대리점 등 만나는 사람 모두를 나를 대하듯 한다.

학생들을 가르쳐도 내 자녀를 가르친다고 생각하고 가르친다.

공부를 해도 "공부해서 남 주냐"가 아니라 "공부해서 남 주자"는 자세로 공부한다.

8. 이 세상에 쓸데없는 것은 없다는 걸 알게 된다

우리 삶이 꼭 장밋빛인 것만은 아니다.

곳곳에 위험이 도사리고 있다.
나를 이용하고 내 것을 가로채려는 사람도 있을 수 있다.
무술의 고수는 상대가 공격하는 힘을 역이용할 줄 안다.
상대가 세게 공격할수록 그 힘을 이용하는 고수의 반격도 세진다.
고수는 오히려 상대가 강하게 공격해 오길 바란다.
그래야 반격하는 힘도 강력해진다.
작은 손해는 더 큰 은혜를 받기 위해 필수적이다.
크게 손해 볼수록 기다리고 있는 은혜도 크다.
지는 것이 이기는 것이다.
가끔 손해 보고 속아 주고 져 주는 용기도 필요하다.

인생만사 새옹지마라고 한다.
좋은 일에는 나쁜 일의 씨앗이 숨어 있고, 나쁜 일에는 좋은 일의 씨앗이 숨어 있다.
어쩌면 좋은 일, 나쁜 일이 따로 없는지도 모른다.
다만 우리가 이건 좋은 일이다, 이건 나쁜 일이다 이렇게 판단할 뿐이다.
이렇게 보면, 나쁜 일이 꼭 쓸데없는 일이 아니다.
일어나서는 안 될 일도 아니다.
좋은 일이 있으니 나쁜 일도 있는 것이고, 나쁜 일이 있으니 좋은 일도 있는 것이다.
나쁜 일이 없으면 좋은 일도 없고, 좋은 일이 없으면 나쁜 일도 없다.
좋은 일이 있으려면 나쁜 일도 있어야 한다.

원하는 대로 다 이루어지면

사람들은 대개 좋은 일이 일어나기만을 바란다.
내가 바라는 일만 일어나기를 바란다.
가끔 내가 바라는 대로 다 이루어지는 세상을 꿈꾼다.
소원이나 목표를 가진 사람은 소원이나 목표가 이루어지면 최고라고 생각한다.
그래서 언뜻 생각에, 원하면 원하는 대로, 원하는 것이 다 이루어지면 참 좋을 것 같다.
그런데 바라는 대로 다 이루어진다면, 그거야말로 진짜 큰일이다.
바라는 대로 다 이루어지는 세상이 바로 지옥이라고 말한 바 있다.

원하는 대로 다 되면 삶이 나태해진다.
살아가는 흥미를 잃게 된다.
왕궁을 버리고 출가한 부처님의 생애가 그것을 말해 준다.
"시토 할머니의 아주 특별한 주먹밥 이야기(예지 출판, 오하라다 야스히사 지음, 구혜영 역, 30쪽)"에 나오는 나폴리 어느 부유한 집안의 아들의 예도 있다.
그는 교양도 있고, 자유로운 생활을 하며, 예쁘고 사랑스런 아가씨와 사랑도 나누었다.
그에게는 부족한 것이 하나도 없어 보였는데, 이보다 더 행복할 수 없다는 생각이 들었을 때, 그의 마음속에 생각지도 못했던 공허감이 생겼다고 한다.
허탈함과 권태에 사로잡힌 그는 아무것도 할 의욕이 나지 않았다고 한다.

부가세를 횡령한 세무 공무원의 경우도 있다.
횡령한 돈으로 공모한 사람과 외제 최고급 승용차를 타고 다니며, 마음껏 유흥을 즐겼다.
그러고도 부족했었나 보다.
향락의 끝에서, 결국 마약에 손을 대다, 덜미가 잡혔다.

우리가 즐기는 게임도 그렇다.
우리 편이 이기기를 바라지만, 우리 편이 워낙 잘해서 이길 것이 뻔하다면, 재미가 없다.
누가 이길지 몰라야 게임이다.
실력의 차이가 워낙 커서 누가 이길지 뻔하다면 누구도 그 게임에 관심을 기울이지 않는다.

물론 상대편이 이기는 것보다 우리 편이 이겨야 한다.
그렇지만 여러 번 위기도 넘기며 난관을 뚫고 이겨야 재미있다.
아슬아슬하게 이겨야 정말 좋다.

주인공이 위기에 처하고 죽을 고비를 넘기고 위험에서 아슬아슬하게 살아남아야 손에 땀을 쥐고 영화를 본다.
그래야 재미있다.
그냥 다 잘되면, 흥분도 감격도 없다.
한 번 본 영화를 또 보는 것과 같다. 어떻게 될 줄 다 아니까 재미없다.
다 이루어진다고 생각하면, 갑자기 바랄 것이 없어진다.

무엇이든 다 가질 수 있다면, 갖고 싶은 마음이 줄어든다.

먹을 것을 잔뜩 차려 놓으면, 갑자기 식욕이 없어지는 것과 비슷하다.

군대 가서 그냥 편안하게 지내다 온 사람은 군대 생활에 대해 별로 할 말이 없다.

고생한 사람일수록 침을 튀겨가며 신나게 이야기한다.

주로 고생한 이야기다. 가끔 고생을 부풀리기도 한다.

고생할수록 더 즐거운 추억이 되는 것이다.

실패를 통해 우리가 가진 것은 줄어들지 몰라도, 우리 자신은 실패를 통하여 더 많이 성장한다.

마음이 넓어지고 새로운 안목이 생기고 타인과 세상을 배려하는 마음이 열린다.

그래서 스티브 잡스를 비롯한 많은 성공자들이 실패와 고통과 고난이 축복이었다고 말한다.

부정적 사고를 해서는 안 되는 걸까?

많은 성공이나 자기계발 혹은 부자 되는 법을 다룬 책들이 긍정적 사고를 말한다.

그 이야기를 듣다 보면 부정적 사고를 해서는 절대로 안 되는 것같이 보인다. 중앙일보 정선구 산업부장의 글 "[서소문 포럼] 비관적이니까 생존이다." (http://blog.joinsmsn.com/sungu/)에서 '스톡데일 패러독스'라는 걸 알게 됐다. 짐 콜린스의 저서 『Good to Great(좋은 기업을 넘어 위대한 기업으로)』에 나오는 이야기라고 한다. 스톡데일은 베트남 전쟁 때 북 베트남에 포로로 잡힌 미군 장성, 당시 포로 가운데 최고위 계급이었다. 스톡데일은 포로가 된 이후 8년간 하노이 포로수용소에 갇혀 있으면서 함께 있던 미군 포로의 사기를 높이고, 포로교환 때까지 많은 미군포로를 살아남게 했다. 짐 콜린스와의 인터뷰에서 스톡데일은 이렇게 말했다고 한다. "낙관주의자들은 다 죽고 현실주의자들만 살아남았다" 이러한 아이러니를 짐 콜린스는 "스톡데일 패러독스"라고 불렀다고 한다. 유태인으로 2차 세계 대전 중 나치의 유태인 수용소에 갇혔다가 기적적으로 살아남은 빅터 프랭클도 "죽음의 수용소에서"라는 저서에서 스톡데일과 비슷한 경험을 말하며, 근거 없는 낙관의 위험을 경고하고 있다.

스톡데일이 발견한 것은, 아무런 근거 없이 잘될 거라고 믿는 막연한 낙관론자들이 가장 먼저 죽었다는 것이다.

긍정적 사고에 대한 맹신에 경종을 울리는 말이다.

긍정적 사고는 만병 통치약이 아니다.

생각하는 대로 나타난다고 하여 만사를 긍정적으로 보라고 하지만, 그저 막연히 잘될 거라는 생각은 매우 위험하다.

현실을 냉정히 직시하고,

잘되게 만들 수 있는 수단을 강구하고,

그것을 실행할 계획을 세우고 실천해야 잘될 수 있다.

부정적 사고가 사람을 실망하고 낙담하게 만들고 현실을 직시할 수 없게 만들면 문제가 된다.

긍정적 사고도 사람을 그저 잘될 거라고 믿게 만들고 현실을 직시할 수 없게 만들면 문제가 된다.

그저 잘될 거라고 믿는 막연한 낙관은, 무늬만 긍정이지 진정한 긍정이 아니고, 사태를 호전시키지도 못한다.

실천이 없는 꿈은 단지 꿈일 뿐이다.

진정한 낙관은 그 낙관을 바탕으로 새로운 아이디어가 나오고, 새로운 기회가 보이고, 구체적 행동이 나와야만 비로소 진정한 낙관으로 인정될 수 있는 것이다.

아무 근거 없이 그저 잘되어 간다거나, 언젠가는 바라는 바가 이루어질 것이라고 생각하는 것은 긍정이 아니라 자기 기만이며 정신적 사치다.

언젠가는 나아질 거라며, 언젠가는, 언젠가는 하면서, 허송세월을 보내기엔, 우리 인생이 너무 짧다.

근거 없는 낙관은 그것이 현실과 부딪쳐 깨지는 순간, 바로 무너진다.

부정적 사고는 근거 없는 낙관을 막아 주고 현실을 바로 보게 하는 측면이 있다.

다가올 문제에 대비하게 한다.

세부적인 사항까지 철저히 준비하게 만든다.

필자도 한때, 긍정의 성공학에 푹 빠지고 생각이 현실로 나타난다는 사상에 매료되어 절대 긍정을 외치고 실천했던 때가 있었음을 고백한다.

부정적 생각이 들 때마다 머리를 흔들곤 했던 시절이 있었다.

그러나 이제 말한다 :

    부정적 사고도 필요하다.

    쓸데없어 보이는 걱정과 염려도 필요하다.

진실한 긍정은 현실을 무시하고 호도하는 것이 아니다.

오히려 현실을 직시하고 현실의 이면을 꿰뚫어 보아 현실의 숨은 뜻을 찾아내는 것이다.

주어진 현실에서 숨겨진 의미를 찾고, 그 의미로부터 보이지 않던 현실의 긍정적인 면을 찾아내는 것을 뜻한다.

예를 들어, 가난한 현실에 처해서도, 가난을 통해, 스스로를 돌아보고, 단련시키는 절호의 찬스를 잡았다고 여기는 것이다.

이런 기회는 부자로서 호의호식하면 갖기 어려운 기회라고 보는 거다. 이것이 진짜 긍정이다.

진실한 부정은 현실에 낙담하고 긍정적인 면을 보지 않는 것이 아니다.

현실을 직시하고 필요한 것을 준비하고 세부 사항까지 철저히 대비하게 만드는 것이다.

질병이 오는 것을 무시하면 질병에 걸린다.

차가 오는 것을 보지 않으면 차에 치인다.

홍수에 대비하지 않으면 물난리를 당한다.

인도의 유명한 의사 기바 이야기

인도의 유명한 의사 기바가 의학을 배우던 시절 이야기가 다음과 같이 전해져 온다 :

그의 스승이 기바를 시험하기 위하여 약이 되지 않는 풀을 가져오라고 했다. 기바는 찾고 또 찾았지만, 풀 하나가 약이 될 수도, 독이 될 수도 있기에 쉽게 약이 되지 않는 풀을 가려낼 수 없었다.

그때 기바는 문득 깨닫는 바가 있었다.
스승에게 가서 기바는 말했다.

"약이 되지 않는 풀은 없었습니다."

그제서야 비로소 기바는 스승으로부터 인정을 받을 수 있었다.

'내쇼날' 창업자 마쓰시타를 만든 시련

2장의 4항 '우리는 이미 부자다'에서 예시한 바와 같이 가난하고 허약하고 못 배운 것이 시련일 수도 있지만 하늘의 큰 은혜일 수도 있다.
적어도 마쓰시타 회장에게는 그것이 하늘의 큰 은혜였다.
실패, 실수, 평범한 일상, 이런 것들이 쓸데없어 보이지만 전혀 그렇지 않다.
부자로 사는 것이 온통 장밋빛인 것은 아니다.
슬플 땐 슬퍼하고 아플 땐 아파하고 외로울 땐 외로워하는 것이다.
괜히 어줍잖게 기쁜 척하고, 괜찮은 척하고, 외롭지 않은 척하면 안으로 더 곪는다.
충분히 슬퍼하고 아픈 만큼 아파하고 외로움에 사무쳐 보면 다시 솟아날 힘을 얻는다.
평범 속에 비범을 보고 잿빛 속에서 장밋빛을 보는 것이, 이 세상을 사는 우리에게 주어진 몫이다.
구름 뒤에 숨은 태양을 볼 수 있다면 누구나 할 수 있다.

내가 좋아하는 "게으름뱅이의 깨달음"(다데우스 골라스 지음)에 나오는 글이 생각난다 :

"아름다움은 보는 사람의 눈 속에 있다."

"지옥을 사랑하는 법을 배우면 당신은 천국에 있게 된다."

9. 부자로 떠오르기

우리가 부자로 살게 되면, 부자가 되기 위한 조건을 저절로 만족시키게 된다.
부자로 사는 것이 부자 되는 조건을 채우는 길이다.

이미 살펴본 바와 같이 부자로 살면 다음과 같은 일이 벌어진다 :

> 필요한 부가 알아서 채워진다.
> 나에 대한 부정적 생각이 긍정적으로 바뀌고 자세도 긍정적으로 바뀐다.
> 부와 부자에 대한 부정적 이미지가 긍정적으로 바뀐다.
> 부자에 대한 정의가 바뀐다
> 부의 원천을 제대로 알게 된다.
> 이 세상 전체가 하나라는 인식이 깃든다.
> 이 세상에 쓸데없는 것은 하나도 없다는 걸 깨닫는다.

중요한 것은 이것이 억지로 노력해서 바뀐 것이 아니라 저절로 바뀐다는 것이다.

부자가 되려고 할 필요가 없다는 생각 하나로, 일련의 사고 체계가 긍정적으로 확립되어 가는 것이다.

이것은 보지 못하던 것이 보이는 과정이다. 새로운 것을 발견하는 흥미진진한 여정이다.

현실을 호도하여 억지로 긍정적 사고를 하는 것과는 완전히 다른 차원의 긍정이다.

그 결과, '그 무엇'을 비롯하여 모든 사람이 나와 한편이 되어 다 함께 각자의 사명의 실현을 향해 나아가게 된다.

저절로 긍정적 생각 아래 긍정적 말이 나오고, 저절로 흥이 나고, 저절로 열정과 끈기가 솟아나고 힘이 넘치게 된다.

부자로서의 됨됨이, 부자의 그릇이 마련된 것이다.

부자의 그릇이 되면 부자로 떠오른다.

부자가 되려 하기 전에, 먼저 부자의 그릇을 갖추어야 한다.

부자의 그릇이 되면, 우연인 듯 일련의 사건들이 일어난다.

도움을 주는 사람을 우연히 만나기도 한다.

전혀 예상치 못한 방향에서 도움을 받기도 한다.

필요한 정보가 우연히 눈에 뜨인다.

세세한 것부터 아주 큰 범주의 일까지 필요한 정보와 지원을 접하게 된다.

파울로 코엘료는 소설 연금술사에서 이렇게 말했다.

"자네가 무언가를 간절히 원할 때 온 우주는 자네의 소망이 실현되도록 도와준다네."

필자의 경험에 비추어 볼 때, 한 개인이 간절히 원한다고 해서 온 우주가 동원되지는 않는다.

각 개인의 간절한 소망을 일일이 들어주기 위해 온 우주가 동원될 만큼 우주가 한가하지 않을 것 같다.

하지만 '그 무엇'이 원하는 사명의 실현을 위한 것이라면 사정이 달라진다.

필자는 이 말을 다음과 같이 해석하고 싶다.

"우리가 자신의 사명을 실현하고자 할 때, 온 우주는 우리의 사명이 실현되도록 도와준다"

코엘료의 말을 옳다고 받아들이려면 코엘료가 말하는 "자네"에 대한 해석을 잘해야 한다. 코엘료가 말하는 "자네"는 우리가 통상 생각하는 "자네"가 아니다.

본성, 상위 자아 내지는 진아로서의 "자네", '그 무엇'과 뜻을 같이하는 "자네"다.

간절히 바라는 것은, 불가능해 보이는 것을 가능하게 해달라고 애걸복걸하며 엎드려 비는 것이 아니다.

실현의 도움은 단순히 간절히 바라기 때문에 오는 것이 아니라, 제대로 된 것을 바라기 때문에 간절히 바라게 되고, 그래서 온 우주의 도움으로 오는 것이다.

우리가 자신의 사명을 만나면, 저절로 그 사명의 실현을 간절히 바라게 된다.

그 간절한 바람은 우리만의 바람이 아니라, 우리와 '그 무엇'의 공통된 바람이다.

사명의 실현 도중에 난관을 만나도, '그 무엇'에 의뢰하면 해결된다.
필요한 것이 있으면 '그 무엇'에 고하면 된다.
"너희가 내 안에 거하고 내 말이 너희 안에 거하면 무엇이든지 원하는 대로 구하라 그리하면 이루리라."(요한복음 15:7)

한마디로 이 세상 전체가 힘을 합쳐 우리의 사명을 실현하도록 돕고 있음을 느낀다.

바울의 말을 빌려 말하면 이렇게 된다.
"우리가 자신의 사명의 실현을 향해 나아가면 모든 것이 합력하여 선을 이룬다."

이렇게 되면
내가 얻은 지식과 경험으로,
나 혼자의 힘으로,
최선을 다하는 노력으로,
꽉 찬 일정을 소화하며, 바쁘게 오로지 앞만 보고,
부자라는 목표를 향해 나아갈 때와는 전혀 다른 일이 전개된다.

우리 각자는 저절로 부자로 떠오른다.
모든 것이 합력하여 우리를 떠민다.
떠밀려서 부자의 반열에 오르게 된다.

10. 실제 예(Example)

지금까지 거꾸로 부자 되기를 설명했다.
이제 이것이 추상적 이론에 그치는 것이 아니라 현실적이라는 것을 보여드릴 차례가 됐다.
필자도 과연 이것이 현실에서 일어난 구체적 사례가 있는지가 궁금해졌다.

우선 신과 나눈 이야기의 저자인 닐 도널드 월쉬의 사례를 들고 싶다.

신과 나눈 이야기의 저자 - 닐 도널드 월쉬(Neale Donald Walsh)

신과 나눈 이야기의 저자 닐 도널드 월쉬는 보통 사람이 소망하는 성공적인 삶을 꿈꾸며, 지방 방송국의 프로그램 진행자로 나름대로 열심히 살아간다. 그러나 잘되어 가는 듯하다가 그 노력이 물거품이 되어 버리는 경험을 여러 번 한다. 심지어 교통 사고를 당하여 목뼈를 다치게 된다. 다행히 아슬아슬하게 불구가 되는 것을 면하지만, 결국 노숙자로 전락하기에 이른다.
힘들게 겨우 얻은 방송국 일자리마저 방송국의 파산으로 잃게 된 어느 날 새벽, 그는 소파에 앉아 하느님에게 푸념 비슷하게 '제발 어떻게 하면 되는지 이 세상이 돌아가는 규칙을 알려 달라'고 요구한다. 그리고 덧붙이기를 '그 규칙을 제발 바꾸지는 말아 달라'고 간청한다.
이때 다음과 같은 하느님의 말씀이 들려 왔다고 한다.
"그냥 불평을 늘어 놓는 거냐 아니면 진정 알고 싶은 거냐"

이렇게 해서 하느님과의 대화가 시작되었고, 그 대화의 기록이 책으로 출간되어 전 세계적인 베스트셀러가 된다. 그 결과 그에게 막대한 부가 주어진다.

하느님과의 대화가 그에게 직접적으로 부를 가져다 준 것이다.

그는 신과 나눈 이야기를 시작으로 하여 여러 베스트셀러를 저술하였으며 활발한 강연활동도 벌이고 있다.

인간적인 노력만으로 여러 번 실패한 끝에 하느님과의 대화를 통해 부를 얻게 된 닐 도널드 월쉬의 경우가, 인간의 노력보다 '그 무엇'과의 소통이 우선이고 필수적이라는 사실을 보여 주는 대표적 사례라고 하겠다.

비 제이 갤러허(B J Gallerher)

비 제이 갤러허는 십대에 임신, 23살의 나이에 싱글 맘으로 어린 아들과 단둘이 살며 대학교를 다니게 된다.

이 책에서 인용하기도 한 그녀의 책 '신과 함께 가라'에 의하면 부모님을 떠나 이사 온 날 밤, 그녀는 무섭다고 울먹이는 어린 아들을 껴안고 울었다고 한다.

그 후에도 알코올 중독, 재정파탄 등 많은 위기에 직면하는데, 어느 날 고속도로를 달리던 중, 앞의 차 범퍼에 찍힌 "신이 부조종사라면, 자리를 바꿔라!"라는 글을 보고 크게 깨닫는다.

혼자서 고군분투하며 살아갈 때는 많은 문제에 직면했지만, 신께 조종석을 맡기고 부조종사가 되어 살 때, 기적이 일어난다는 것을 알게 된 것이다. 그녀는 지금 작가, 유능한 강사, 사업 상담사로 명성을 날리고 있다.

신께 조종석을 맡기란 말은 필자의 내면의 인도자를 따라가자는 말과 같은 의미다. 그녀의 삶이 내면의 인도자를 따라가는 삶이 가장 좋은 결과를 낳는다는 것을 보여 주고 있다.

닉 부이치치(Nick Vujicici)

닉은 사지가 없는 채로 태어났다.
그런 그가 지금처럼 모든 사람에게 감동을 주고, 삶의 용기와 희망을 주는 사람이 된 것은 기적이라 할 만하다.
닉이 처음부터 지금처럼 긍정적이고 밝고 활기찬 사람이었을까?
아니다.
사지가 없는 그를 아이들이 지금같이 존중하며 친절히 대했을까?
아니다.
닉도 닉의 주변 사람들도 모두 보통 사람이었다.
어린 닉의 친구들은 그를 놀리고 괴롭혔다.
닉은 아이들로부터 놀림을 당해, 괴로워했으며, 신으로부터 버림받았다고 생각했다.
그러던 그가 과연 어떻게 해서 성공적인 삶을 살게 되었을까?
친구들로부터 하루 종일 엄청난 시달림을 당하고 집으로 돌아온 힘겨웠던 어느 날, 그는 거울 속의 자신에게 이렇게 말했다.
"뭔가 긍정적인 것에 집중해야 해. 너는 팔다리가 없어 그렇지만 무엇을 가지고 있지? 하느님께서 너에게 무엇을 주셨지?"
"그래 닉, 너는 팔다리가 없지만, 아름다운 눈을 가졌어"

자기의 아름다운 눈을 발견한 그는 거기서 자기의 내면 세계를 발견한다. 그는 이렇게 말했다 :

"웃기는 얘기지만, 제가 뭘 깨달았는지 아세요? 아름다움은 외모만이 아니라 내면에도 있다. 제가 깨달은 걸 아시겠어요?"

내면 세계에 눈뜸으로써, 그는 자기에게도 뭔가 줄 것이 있다는 것을 깨닫는다.
이것이 한때 버림받았다며 몇 번씩 자살하려고 했던 닉이, 자기 인생을 반전시키는 계기가 됐다.
팔다리도 없으니, 아무것도 없다고 생각했던 닉이다.
없는 것에 주의가 쏠리다 보니, 없는 것만 보인 것이다.
컬러 배스 효과가 부정적으로 작용했다.
그런데 가장 비참했던 어느 날, 아름다운 눈을 보고, 자기 내면 세계를 발견한다.
닉으로서는 전혀 상상할 수도 없었던 일이었다.
그는 그저 억지로 긍정적인 것에 집중하려고 했을 뿐이었다.
필자는 이것을 '그 무엇'의 섭리라고 본다.
내면 세계를 본 그는 자기에게도 줄 것이 있다는 걸 깨닫는다.
자기가 이미 부자라는 걸 발견한 것이다.
그것을 시작으로 그는 점점 더 줄 것이 많다는 걸 발견하고, 점점 더 줄 것이 많은 사람이 되어 간다.
이제 그는 많은 사람에게 감동을 주고 용기와 희망을 주는 사람으로 우뚝 섰다.

만약 그가 팔다리가 있었다면 사람들에게 그렇게 큰 감동을 주지 못했을 지도 모른다.

팔다리가 없는 것은 아주 치명적 결점이었다.

그런데 그것이 큰 감동을 일으키는 요소로 작용하게 되었다.

그는 팔다리가 없는 유일한 존재로서 많은 사람에게 특히 장애인에게 깊은 감동을 주는 그의 유일한 사명을 수행한 것이다.

이제 그는 이렇게 말한다.

"긍정적인 것을 생각하세요. 아직도 내게 뭔가 줄 것이 있다는 생각을 하세요.

나는 바보 같아, 좀 더 똑똑했으면 좋겠어, 그 회사에 입사했더라면 좋았는데, 이런 생각이 들 때도, 그런 바람에 신경 쓰지 마세요. 하느님께서 내게 주신 것에 고마워하세요"

'그 무엇'의 섭리는 닉이 한때 바랐던 대로, 그에게 없는 팔다리를 주는 기적을 일으키지는 않았다.

대신 그를 "거꾸로 부자 되기"의 모범 사례로 만드는 더 큰 기적을 행하셨다.

사토 할머니

사토 할머니는 일본 아오모리현의 이와키 산 골짜기에 '숲 이스키아'를 만들었다.

사토 할머니는 이곳을 찾아오는 사람에게 마음이 담긴 주먹밥을 대접한다.

이 주먹밥을 먹고 많은 사람들이 삶의 의욕과 용기를 되찾았다고 한다.

할머니는 어려서 아버지의 사업 실패와 폐침윤이라는 병으로 고생이 심했다.

웃기만 해도 혈관이 끊어지는 병이기 때문에 웃을 수도 없었다고 한다.
이때 어느 순간 하늘의 계시처럼 번뜩이는 깨달음이 있었다.
그것은 '기도를 실천하자'는 것.
그리고 생사의 기로에서 야채의 생명이 자신의 몸에 들어가, 살아가는 에너지가 되어 준다는 것을 실감하고 '음식을 소중히 하는 마음'을 갖게 된다.
음식과 기도를 통하여 삶을 되찾은 할머니는, 오랫동안 모임 활동을 위한 장소를 만들고 싶다는 생각을 했고, 1979년 집 정원을 허물고 다다미 20장 정도의 교실을 만들었다.
그런데 사람들이 모여들어 금세 비좁아졌다.
2층으로 증축해야 하는데 자금이 없었다.
기적이 아니면 해결할 수 없다고 생각했는데, 기적이 일어났다.
할머니의 활동에 공감하는 어느 대학 교수가 나서 증축비를 모금해 주었다.
그래서 1983년 누구든지 언제나 찾아올 수 있는 평온한 깨달음의 공간 '히로사키이스키아'를 열게 되었다.
많은 사람이 찾아왔고, 고민과 고통을 지닌 사람들이 절망을 희망으로 바꾸며 집으로 돌아갔다. 일반 주택가에 있어 가능하면 숲으로 둘러싸인 곳에 있었으면 좋겠다는 생각도 하게 됐다.
가벼운 마음으로 토지를 보러 다녔는데, 어느 날 마음에 쏙 드는 곳을 발견했다.
두 가지 문제가 있었다.
정부의 허가와 자금 문제였다.
허가 신청을 하고 한참 후, 어느 부부가 찾아왔고 맛있고 즐겁게 산 야채 요리를 함께한 부부는, 할머니의 활동을 지원하고 싶다고 했다.

기묘한 것은 지원 제안이 나오자마자 정부의 허가도 나왔다.
토지가 결정되자 하나둘 협력자가 나타나 '숲 이스키아'가 1992년 10월 탄생했다.
할머니는 '숲 이스키아'를 찾아오는 사람들과 손수 만든 주먹밥으로 함께 식사한다.
정성이 깃든 음식은 심신을 달래주고 마음을 열게 한다.
할머니는 조용히 그 사람들의 이야기를 들어 준다.
다른 사람을 달래주고 위로하고 희망을 갖도록 해 주고 싶다는 작은 소망에서 시작된 일이 오늘의 '숲 이스키아'를 만들었다.
요리에 대한 할머니의 관심과 재능이 그 소망과 어울려 멋진 결과를 빚어 낸 것이다.
처음부터 '숲 이스키아'를 목표로 한 것이 아니었다.
돈을 벌겠다거나 부자가 되겠다는 생각도 전혀 없었다.
마치 우연처럼 기적 같은 일들이 고비마다 일어나 오늘을 이루어 냈다.

캐나다 오타와의 앰버 웨스트폴(Amber Westfall)

유튜브(Youtube.com)에 '토종 야생 식물, 풍요가 우릴 둘러싸고 있다'(Wild native plants, the abundance all around us)라는 제목의 동영상에 앰버 웨스트폴(Amber Westfall)의 이야기가 나온다.
앰버 웨스트폴(Amber Westfall)은 원래 환경주의자나 운동가도 아니었고, 그 방면에 교육을 받은 적도 없었다.
그런데 오타와로 이주한 후 자원봉사 활동을 하고 싶어서 평화 환경 자원

센터(Peace environment resource center)를 찾아간다.

그곳에서 지구 기온 변화, 물 부족, 자원고갈 등 환경문제에 대한 정보를 접하게 된다.

2008년 한 해 동안 절대 신제품을 사지 않고 중고품만을 사겠다는 새해 다짐을 한다.

그 다짐을 실천하는 과정에서 새로운 사실을 발견한다.

중고제품을 사다 보니 마음에 드는 제품이 나올 때까지 기다려야 했다.

삶의 흐름이 느려진 것이다.

그리고 기다리는 동안에 변화가 일어났다.

어떤 제품은 꼭 필요한 것이 아니었거나, 직접 만들어 쓰거나, 지금 있는 것을 활용하면 해결할 수 있다는 것을 알게 된다.

그녀는 이런 환경 활동을 통해 자신이 완전히 바뀌었다고 한다.

자기가 식물에 열광한다는 새로운 사실을 발견한 것이다.

전혀 예상하지 못한 일이었다. 뜻밖의 일이 벌어진 것이다.

산 야채, 산나물 같은 야생의 식용식물에 비상한 관심을 갖게 된다.

신나게 재미있게 그것에 대해 읽고 공부하는 데 열중하게 된다.

급환으로 한밤중에 응급실에 다녀온 일을 겪은 후, 자연스럽게 약용식물로 관심의 범위가 넓어진다.

이름도 모르던 평범한 식물에 얽혀 있는 이야기가 있고 숨어 있는 약효가 있다는 것에 놀란다.

삶에 생기를 불어넣는 가슴 뛰는 경험이었다.

우리가 놀라운 풍요 속에 둘러싸여 있다는 것을 보게 된다.

그녀는 집 주위에서 자라고 있는 식물에서 먹을 것을 직접 조달하고 있다.

사람들이 환경에서 직접 먹을 것을 얻는다면 환경을 보호하게 될 것이라는 말을 좋아한다.
그녀는 이제 자기가 가진 정보를 다른 사람들에게 전하고 싶어한다.

뭔가 모를 것에 이끌려 자원 봉사를 원하게 되고, 평화 환경 자원 센터를 두드린 것이 바로 섭리의 인도가 아닐까?
그리고 그것을 통해 자기의 사명이 식물의 연구, 재배, 활용에 있다는 것을 깨닫게 된다.
우리 주위에 풍요가 넘치고 있다는 것을 본다.
이 모든 일이 전혀 예상하지 못했는데 일어났고, 그런 과정에서 그녀는 삶의 활기를 찾았다.

정재원 정식품 명예회장

http://news.donga.com/3/all/20150615/71862827/1에 김유영 기자 abc@donga.com가 쓴 정재원 정식품 명예회장의 삶에 대한 글을 요약하면 다음과 같다 :

정 명예회장은 황해도에서 보통학교만 졸업하고 서울에 왔다.
홀어머니 밑에서 가난하게 자란 그는 대중목욕탕 심부름꾼부터 모자가게 점원에 이르기까지 닥치는 대로 일을 하다 우연히 의학강습소의 급사 자리를 얻게 됐다.
등사기를 밀어서 강습소 학생들이 볼 강의 교재를 만드는 일을 하다가 자연스레 교재를 들여다보게 되고, 용어가 어려워 옥편을 뒤져 가면서 독학을 하다 보니, '나도 한 번 해 볼까'라는 생각이 들었다.
당시에는 의대에 다니지 않아도 시험만으로도 의사 자격증을 딸 수 있었기 때문이었다.

주경야독으로 의사고시에 매달린 지 꼬박 2년. 그는 20세에 의사고시에 합격했다.
주변에선 국내 최연소의사라고 축하해 줬다.

시험에 합격한 해인 1937년 서울 성모병원의 의사가 됐는데, 평탄한 의사 생활을 하던 어느 날
뼈가 앙상하고 배만 볼록 솟아오른 갓난아기 환자가 병원에 온다.

아이는 끝내 세상을 떴다.
이후에도 복부 팽만으로 병원을 찾은, 적지 않은 신생아들이 설사만 하다가 무력하게 죽어갔다.
그는 주변의 반대를 무릅쓰고 그 신생아들을 고칠 방법을 찾기 위해 의학 선진국으로 떠난다.
아내와 6남매가 있었고, 의사로서의 안정된 삶도 보장돼 있었지만 아이들을 살려 내야겠다는, 의사로서의 사명감을 떨칠 수 없었던 것이다.

1964년, 그는 미국 샌프란시스코의 UC메디컬센터도서관에서 소아과 교재를 읽다가 무릎을 쳤다.

바로 '유당불내증(乳糖不耐症 · lactose intolerance)'이 소개된 대목이었다.
20여년간 지녀온 의문의 실마리가 풀리기 시작했다. 유당불내증은 우유나 모유의 유당을 분해하는 효소가 부족한 사람들에게 나타나는 증상이다. 이 증상을 가진 신생하는 모유나 우유를 소화하지 못해 영양실조로 죽고 만다는 것이다.

우유 대용식을 만드는 게 급선무란 생각이 들었다.
그는 어린 시절 어머니가 끓여 줬던 콩국을 떠올렸고, 그 길로 한국으로 돌아왔다.
이후 서울 명동에서 '정소아과'를 운영하며 아내와 함께 우유 대용식 개발에 매달렸다.
주변에선 "정소아과 원장이 미국에 다녀오더니 이상해졌다"고 수군댔다.

이렇게 3년 남짓 연구한 끝에 두유를 개발해 냈고 이것을 설사병에 걸린 신생아들에게 줬다.
병상의 아이들은 눈을 뜨면서 기력을 차렸다.
"인생에서 최고로 기뻤던 순간"이었다.

설사병을 앓는 아이의 부모들 사이에서는 '정소아과가 용하다'는 입소문이 나서 전국 각지에서 그를 찾아왔다.

이번에는 또 다른 문제가 생겼다. 환자가 몰리자 두유 수요가 달렸다.
자연히 아픈 아이들에게 부족함 없이 두유를 주고 싶다는 생각이 커졌다.

결국 1973년 '정식품'이란 회사를 세워 두유 대량 생산에 나섰다. 당시 56세였던 그는 다시 한 번 도전의 길에 접어들었다. 개인 병원만 운영하다 기업을 이끄는 일에 뛰어 든 것이다. 신생아들을 살리려면 창업 말고는 다른 길이 없었기 때문이었다.

그가 사명감을 갖고 만든 베지밀은 지금도 두유업계 부동의 1위를 달리고 있다.
창업 후부터 올해(5월 말 기준)까지 만들어진 두유는 총 130억 개다.

그는 복부 팽만으로 죽어 가는 아이를 살리고 싶다는 내면의 소리를 따라갔다. 주변의 반대와 수군거림도 그의 길을 막지 못했다. 56세의 나이에 의사에서 경영인으로 변신하는 것도 쉽지 않았겠지만, 그는 해냈다. 그 결과 아이들을 살릴 수 있었고, 두유라는 제품을 세상에 내놓게 되었다.

총각네 야채가게 이영석 사장

이영석 사장은 대학에서 레크리에이션을 전공하고 기획사에 들어갔다.
그러나 자기가 애써 작성해 올린 기획안을 선배 사원이 가로채 발표하는 것을 보고 회사에 사표를 내고 한강 공원에 간다.
거기서 운명처럼 오징어 장사를 만나 오징어를 팔아 본다.
결과는 대성공!
여기서 그는 자신이 정말 잘할 수 있고 즐기면서 할 수 있는 일을 이렇게 우연히 발견하게 된다. 장사에 매력을 느낀 그는 오징어 장사를 스승을 삼아 따라 다니며 장사를 익힌다.
어느 정도 장사를 익힌 그는 은행 융자를 합쳐 트럭을 사서 독립하기에 이른다.
트럭 행상을 시작한 것이다. 트럭을 몰고 전국을 누비고 다녔고 가락동 시장 상인을 스승 삼아 과일과 야채를 배웠다. 몸은 고됐지만 항상 신이 나서 그에게 이 모든 과정이 마치 배낭 여행 같았다고 한다.
많은 아이디어를 실험했다.
바나나를 팔면서 원숭이를 동원하기도 했고, 일정한 시간에 일정한 장소에서 장사를 함으로써 단골을 확보하려는 시도도 했다.
시련도 있었다. 대학까지 나와서 야채장사나 한다는 핀잔도 받았고, 야채장사를 탐탁하지 않게 여기는 여자 친구의 부모의 반대로 사랑하는 여자도 포기해야 했다.
다른 행상들로부터 맞기도 하고 단속반에 걸려 물건을 다 빼앗기기도 했다.
이 모든 것을 견뎌 낼 수 있었던 것은 그의 굽힐 수 없는 신념과 철학, 그리고 그것을 밀고 나갈 뚝심과 배짱이 있었기 때문이었다.
진정으로 좋아하는 일에 목숨을 거는 용기가 있었기 때문이었다.
단순히 돈을 벌기 위해 야채 장사를 했다면 벌써 그만두었을 것이었다.
그에게는 야채장사가 평생직업이라는 믿음이 있었다.
마침내 후배들과 함께 서울 대치동 은마 아파트 근처에 18평 점포를 얻어 야채 가게를 연다.
그는 고객을 대표하여 과일과 야채를 고르는 마음으로 직접 맛을 보아가며 판매할 물건을 구매했다.
그의 튀는 아이디어는 각종 야채가 진열되어 있는 점포의 푯말에서 볼 수 있다.

이문세가 젤 좋아하는 채소 – 당근

요리에 빠질 수 없죠 – 양파

이런 아이디어에서 그가 자기 일을 즐기고 있음을 알 수 있다.
장사를 하지만 돈이 목적이 아니다.
그에게 돈이란 총각네의 땀에 자연스럽게 따르는 격려와 같은 것이다.
그는 평당 최고 매출을 올리는 점포를 만들어 냈고, 무일푼으로 시작하여 야채장사로 백만장자가 되었다.
(*필자 주 : 이영석 사장 관련 이야기는 김영한 교수와 이영석 사장이 공동으로 집필하고 기획 출판 거름에서 출간한 '총각네 야채가게'에서 읽은 내용을 토대로 한 것이다.)
지금까지 이야기한 분들 이외에도, 필자가 모르고 있거나, 세상에 잘 알려지지 않고 숨어 있는 분들이 많이 계실 것이다.

V
  ...

더불어 잘 사는 행복한 부자
[나만이 아니라, 우리 모두가 유일한 존재다]

확고히 부자의 길로 들어서고, 계속 부자로 남아, 부자로서의 삶을 즐기는 사람은 결국 더불어 잘 사는 행복한 부자로 나아간다. 더불어 잘 사는 행복한 부자의 경지에 오르는 것이 '거꾸로 부자 되기'의 완성이다. 이 장에서는 더불어 잘 사는 행복한 부자의 경지를 이야기한다.

1. 우리는 모두가 원래 부자다

우리는 부지불식간에 나를 중심으로 생각하는 습관에 젖어 있다.
'나'라고 말할 때, 그 말에는 두 가지 의미가 있다는 것을 염두에 두어야 한다.

보통 우리가 '나'라고 할 때는 개체로서의 '나'다.

그런데 우리 안에는 개체로서의 '나'만이 아니라 또 다른 '나'가 있다.

상위 자아, 내적 존재, 진아, 영혼, 양심 등으로 불리는 '나'가 있다.

개체로서의 '나'는 내 피부에 감싸여 있는 '나'만을 지칭한다.

상위 자아, 진아 등으로 불리는 또 다른 '나'는 우주 전체와 통하고 '그 무엇'과 소통하는 '나'다.

우주 전체와 연결되어 우주 전체를 하나로 보는 '나'다.

'내가 우주의 중심이다'

'천상천하 유아독존'

이런 말에서 가리키는 '나'는 개체로서의 '나'가 아니라 진아의 '나'다.

이 말에서 말하는 '나'를 개체로서의 '나'로 받아들이면 '나'를 중심으로 삼는 사고를 더욱 강화시키는 방향으로 가게 된다.

이런 사고에 젖으면, 우리 각자가 다 부자라고 해도, 그것을 내가 부자라는 의미로 받아들이기 쉽다.

잘못하면 나만 부자란 말로 나도 모르게 착각하기도 쉽다.

나를 중심으로 하는 사고는 자칫 나와 타인을 구분하여 나를 타인으로부터 고립시킨다.

우리가 주목해야 할 것은 나만이 아니고 다른 사람들도 모두 이미 원래 부자라는 것이다.

우리 모두가 이미 원래 부자다.

나만이 아니라, 우리 모두가 유일한 존재다.

이 세상에 존재하는 모든 존재가 유일한 존재들이다.

유일한 존재가 유일한 존재인 타인을 만나면 유일의 제곱이 된다.

유일한 시간에 유일한 장소에서 유일한 존재를 만나니 유일의 제곱에 제곱이 곱해진다.
즉, 유일의 네제곱이 된다.
따라서 모든 만남이 소중하다.
만나는 사람마다 이렇게 마음속으로 말해 주면 어떨까 :

"당신은 이미 성공했습니다.
당신은 이미 유일한 존재로서 무한한 가치를 지닌 엄청난 부자입니다."

다른 사람에 대한 축복의 말로 이만한 말이 없을 것 같다.
"부자 되세요"라는 인사보다 훨씬 더 강력하고 바른 말이다.
다만 잘못하면 미친놈 소리 듣기 딱 맞으니까, 겉으로 하지 말고 속으로 해야겠다.
이 말은 오히려 이 말을 하는 사람에게 더 효과가 있을 수도 있다.
이 말은 이 말을 하는 본인이 엄청난 부자임을 저절로 알게 해 준다.
이 말을 할 때마다, 이미 엄청난 부자임을 상기하게 된다.
모두가 이미 엄청난 부자라는 생각은 우리로 하여금 만나는 모든 사람을 '나'와 동등한 존재로 소중하게 여기게 만든다.
유일한 존재로, '그 무엇'이 깃든 우리 모두는 무한한 가치를 지닌 동등한 존재다.
하나의 달이 천 개의 강에 비치듯, 우리 모두에게 하나의 '그 무엇'이 깃들어 있으니, 우리는 모두 하나다.
우리가 남에게 응대하는 것이 곧 우리에게 응대하는 것이다.

자신만 이익을 취하거나 상대방에 손해를 끼치면 그것이 돌고 돌아 자신에게 다시 돌아온다.

우리가 상대방을 업신여기면, 그것이 돌고 돌아 우리에게 돌아와 누군가가 우리를 업신여기게 된다.

'갑'이라고 '을'에게 함부로 대해서는 안 된다.

'을'이라고 '갑'에게 죽어 지낼 필요 없다.

'갑'이 없으면 '을'도 없다.

'을'이 없으면 '갑'도 없다.

부자는 부자끼리 서로 통한다.

부자는 부자를 부자로 대접한다.

내가 부자로 대접받고 싶으면 상대방을 부자로 대접하면 된다.

자기가 '그 무엇'이 깃든 사람임을 아는 사람은 상대방도 '그 무엇'이 깃든 사람임을 안다.

따라서 상대방을 '그 무엇'이 깃든 사람으로 대접한다.

미천해 보이는 사람을 '그 무엇'이 깃든 사람으로 인정하고 '그 무엇'이 깃든 사람으로 대접하기는 힘들다.

예수님께서는 "지극히 작은 자 하나에게 한 것이 곧 내게 한 것(마태 25:40)"이라고 하셨다.

미천한 사람도 '그 무엇'이 깃든 사람으로 우리와 동등하다는 생각이 들면, 고객이 왕이란 말도 전혀 거부감 없이 받아들이게 된다.

왕이 아니라 그 이상이란 말에도 거부감이 없어진다.

고객에 죽는 흉내라도 내라는 것을 의미하는 것이 아니다.

동등한 존재로서 왕만이 아니라 그 이상의 존재라는 생각으로 고객을 대한다는 의미다.

그러면 나도 덩달아 왕 이상의 존재로 된다.

미천해 보이는 사람이 우리와 동등하듯이, 뛰어나 보이는 사람도 우리와 동등한 존재다.

마음에서 우러나와 왕 그 이상의 존재로 마음에서 인정하는 것이 중요하다.

그런 마음에서 나오면 상대방도 그 마음에 반응한다.

왕 그 이상의 존재로 행동한다.

억지를 거두고 너그러워지기도 한다.

우리가 이런 마음으로 있으면, 이런 마음의 파장이 우리 주위를 둘러싸서, 주로 왕같이 너그러운 손님들이 우리를 찾아온다.

왕 같은 손님을 끌어들이기 위해서 왕으로 대하는 것이 아니다.

원래 왕 이상이니까 왕 이상으로 인정하고 대하는 것이다.

이렇게 하면 그 사업은 번창한다.

이런 마음으로 살면 더불어 잘 사는 행복한 부자다.

그럼에도 불구하고, 우리는 자기도 모르게 과거의 경험, 가치기준 등으로 판단하여, 좋다 나쁘다 가르고, 등급을 메기고, 존경하기도 하고 낮추어 보기도 한다.

친절히 굴기도 하고 냉대 또는 하대하기도 한다.

먼저 인사하기도 하고 슬며시 외면하기도 한다.

오랫동안 길들여져 익숙해진 두뇌의 회로가 작동하기 때문이다.

미천해 보이거나 위대해 보이는 것, 둘 다 우리의 개인적 내 맘의 견해다.

내 맘으로 꽉 차면 하늘 마음이 줄어든다.

내 맘을 비우면 하늘 마음으로 채워진다.

하늘 마음에는 미천한 것도 위대한 것도 없다.

'SIT 호오포노포노'라는 하와이 원주민으로부터 유래하는 문제 해결법이 있다.

하와이의 인간 문화재로 추앙받았던 '모르나 날라마크시메오나'가 현대에 맞게 정리하였고, 휴렌 박사에게 전수되었다고 한다.

간단히 말해서, "미안합니다 용서하세요 감사합니다 사랑합니다"를 반복해서 외우는 방법이다.

'SIT 호오포노포노'에서는 모든 문제의 원인을 나로부터 비롯된 것이라고 보는 것을 기본 원칙으로 한다.

필자의 경험으로 볼 때 강력 추천하고 싶다.

누가 오든 감사하라, 그 사람은 저 너머로부터 안내자로 보내진 것이기에.
—루미

Be grateful for whoever comes, because each has been sent as a guide from beyond.
—Rumi

2. 친절, 배려, 축복

우리를 둘러싸고 있는 세상은 우리를 비추는 거울이다.
세상이 우리를 어떻게 대하는지를 보면 우리가 어떤 모습인지 볼 수 있다.
우리가 자신을 보는 것에는 우리의 주관이 섞여 있다.
세상을 보면 우리의 객관적 모습이 보인다.

우리가 타인을 어리석다고 보면 세상이 우리를 어리석다고 본다.
우리가 타인을 '그 무엇'이 깃든 사람으로 보면, 세상이 우리를 '그 무엇'이 깃든 사람으로 본다.
우리가 타인을 '그 무엇'이 깃든 사람으로 인정하면, 세상이 우리를 '그 무엇'이 깃든 사람으로 인정한다.
사람들이 만든 여러 가치, 판단 기준을 가지고 보면, 우리 모두가 어리석고 완전하지 못하다.
군자 같다가도 소인배로 전락한다.
소인배였다가 군자가 되기도 한다.
보는 사람에 따라 우리는 군자가 되기도 하고, 소인배가 되기도 한다.
사람들이 만든 여러 가치, 판단 기준을 버리고 보면, 우리 모두가 있는 그대로 훌륭하다.
부처 눈에는 부처만 보인다.
다른 사람을 부처로 보는 사람이 부처다.
부처에게는 사람들이 만든 여러 가치, 판단 기준이 없다.
그래서 다른 사람이 다 부처다.
예수님도 다른 사람을 판단하지 말라 했다.
왜 다른 사람의 눈 속에 있는 티끌을 보면서 자기 눈 속에 있는 들보를 보지 못하느냐고 하셨다.
우리 눈 속에 있는 들보가 사람들이 만든 여러 가치, 판단 기준이다.
눈에 들보를 가지고 보면 다른 사람의 눈에 티끌이 보인다.
들보 없이 보면 티끌도 없다.
우리가 세상을 들보 없이 보면 세상을 좋게 보게 된다.

우리가 세상을 좋게 보면, 세상을 좋게 대하게 된다.
우리가 세상을 좋게 대하면, 세상도 우리를 좋게 대한다.
세상이 우리를 좋게 대하면 우리가 세상을 좋게 대한다는 것을 의미하고,
세상을 들보 없이 본다는 것을 의미한다.

우리가 먼저 인사하면 대개의 경우, 상대방도 반갑게 인사 한다.
우리가 먼저 미소 지으면 대개의 경우, 상대방도 미소로 화답한다.
우리가 먼저 상대방을 알아주면 대개의 경우, 상대방도 나를 알아준다.
우리가 먼저 상대방을 배려하면 대개의 경우, 상대방도 우리를 배려한다.
우리가 먼저 상대방을 친절하게 대하면 대개의 경우, 상대방도 우리를 친절하게 대한다.
우리가 먼저 상대방을 축복하면 대개의 경우, 상대방도 우리를 축복한다.

세상이 나에게 친절히 대하면, 내가 세상을 친절하게 대한다는 것을 의미한다.
세상이 차갑고 힘들게 느껴지면 내가 세상을 차갑게 대하고 힘들게 만든다고 보면 된다.
세상의 반응은 곧바로 나타날 수도 있지만, 시차를 가지고 나타날 수도 있다.
이 모든 걸 알았고 먼저 친절하게 대했는데도 세상은 변함이 없을 수도 있다.
과거에 축적된 인연이 아직 해소되지 않았을 수도 있기 때문이다.
'그 무엇'의 때는 아무도 모른다.
때가 되면 변화가 나타난다.
이런 생각이 우리로 하여금 저절로 친절, 배려, 축복하게 만든다.

이런 생각이 없으면 아무리 친절, 배려, 축복하려 해도 억지로 하게 되고 잘 되지 않는다.

더불어 잘 사는 행복한 부자는 저절로 친절, 배려, 축복하게 된 사람이다.

3. 벌면서 봉사, 쓰면서 봉사

더불어 잘 사는 행복한 부자는 이 세상 모든 것이 하나로 연결되어 있고, 모두가 하나라는 것을 안다.

다른 존재의 도움 없이는 한시도 살 수 없음을 안다.

다른 존재들의 은혜로 살아가고 있음을 안다.

모든 사람이 은인이다.

심지어 자기를 해치거나 비하하고 욕하는 사람도 은인이다.

그런 사람들이 있기에 성장하고 빛나는 것을 안다.

다른 사람에게 감사하고 다른 사람을 섬긴다.

은혜에 보답하고 섬기는 자세로 산다.

감사하는 마음이 깊을수록 더욱 성심성의껏 섬기고 근면 성실하게 봉사한다.

큰 사업을 하든, 소규모 장사를 하든, 직장 생활을 하든, 이런 자세로 일하는 사람에게는 그에 상응하는 대가가 돌아온다.

상대방에게 한 것이 자신에게 돌아오는 법이기 때문이다.

섬기고 봉사하는데 돈과 재물이 들어온다.

돈과 재물을 적절히 쓰는 것으로 섬기고 봉사한다.

돈과 재물을 버는 것이곧 보은, 섬김, 봉사의 과정이고, 돈과 재물을 쓰는 것으로 상대방의 삶을 윤택하게 해 준다.

이로써 보은하고 섬기며 봉사하는 삶을 이어 간다.

4. '더불어 잘 사는 행복한 부자'와 '그 무엇'

'더불어 잘 사는 행복한 부자'는 더 이상 외롭지 않다.
내부 인도자를 발견하고 알게 되어 그와 친구처럼 지내게 됐다.
그 친구는 '더불어 잘 사는 행복한 부자' 안에 있기에 '더불어 잘 사는 행복한 부자'와 항상 함께 있다.
'더불어 잘 사는 행복한 부자'가 필요한 때, 언제든 부를 수 있다.
그 친구는 '더불어 잘 사는 행복한 부자'를 떠날 수도 없다.
그 친구는 가장 지혜롭고, 따라서 '더불어 잘 사는 행복한 부자'를 가장 좋은 곳으로 이끌어 준다.
가장 막강한 존재이기에 '더불어 잘 사는 행복한 부자'의 가장 든든한 후원자다.
'더불어 잘 사는 행복한 부자'는 내부 인도자, '그 무엇'과 소통하는 것을 가장 중요하게 여긴다.
필자는 '그 무엇'과 소통하는 것을 진정한 의미의 기도라고 말한다.
기도는 우리가 원하는 것을 '그 무엇'에게 알리는 것이 아니다.
기도는 '그 무엇'의 소리를 듣고, 그 뜻을 알고자 마음을 비우고 기다리는 것이다.
'더불어 잘 사는 행복한 부자'는 묻고 '그 무엇'은 대답해 준다.
이렇게 해서 '그 무엇'은 '더불어 잘 사는 행복한 부자'를 이끌고, '더불어 잘 사는 행복한 부자'는 '그 무엇'이 이끄는 대로 따라간다.

'더불어 잘 사는 행복한 부자'는 '그 무엇'의 뜻을 실행한다.

5. 마치며

행복은 이루어지는 것이 아니라 발견하는 것이다.
자신에게 이미 행복하고도 남을 많은 것이 있음을 발견하고 알아차리는 것이다.
이 세상의 풍요도 그렇다.
발견하는 것이고 알아차리는 것이다.
우리 모두가 이미 부자인 것도 발견하고 알아차리는 것이다.
우리 삶을 다른 각도에서 보는 것이다.
'거꾸로 부자 되기'도 이렇게 해서 나왔다.
'거꾸로 부자 되기'를 한 문장으로 표현하면 이렇다 :

이미 부자라는 것을 알고, 부자로 살면 즉시 부자다.

'거꾸로 부자 되기'의 요체는 :

부자 되려 하지 말고
이미 부자라는 것을 알고
부자로 사는 것이다.

부자 되려 하지 말아야 할 이유를 여섯 가지로 들었다 :

부자가 되기를 바라는 것은 체제의 덫에 걸린 것이다.
　이 체제는 우리에게 부자가 되어야 한다고 하지만,
　우리가 실제로 부자가 되기를 바라지 않는다.

부자는 부자 되려 하지 않는다.
　부자가 어찌 부자 되길 바라겠는가? 부자 되려 하는 한 부자가 아니고,
　부자도 될 수 없다.

부자는 목표가 될 수 없다.
　헛된 목표를 잡고 이루려고 하고 있다.

우리 모두는 이미 부자다.
　우리가 스스로 부자라는 걸 모르고 있을 뿐이다.

잡으면 삐꾸러진다.
　목표를 잡으면 목표의 함정에 빠진다.

우리가 부자로 사는 것이 '그 무엇'의 뜻이다.
　그러니 우리가 따로 부자가 되기 위해 노력할 필요가 본래부터 없었다.
　부자 되려 하는 것이 '그 무엇'의 뜻을 무시하는 꼴이 돼 버렸다.

이미 부자라는 근거도 여러 가지로 이야기했다 :

우리 모두는 유일한 존재로서, 무한한 가치를 지닌 존재다.
우리 각자만이 할 수 있는 유일한 사명을 부여받았다.
우리는 빈손으로 태어나지 않았다. 우리에게 몸, 마음, 영혼, 이 세상,
삶 자체와 같은 엄청난 가치를 지닌 것이 태어나면서부터 이미 주어졌다.
지금까지 살아오면서 성공의 경험을 쌓았고, 이 세상의 덕을 보았고,
많은 것을 누렸으며 지금도 누리고 있다.

부자로 사는 것이 어떤 것인지를 설명드렸다 :

기뻐하는 것
행복을 느끼는 것
감사하는 것
베푸는 것
주어진 것을 잘 쓰는 것

주어진 것을 잘 쓰는 것은 여러 가지로 달리 표현된다.
그렇지만 그 의미는 같다.
내부 인도자의 인도에 따라 사는 것,
섭리에 따라 사는 것,
하늘의 뜻 실행하는 것,
사명을 실천하는 것,
유일성을 살리는 것,

재능을 살리는 것,

좋아하는 것을 하는 것,

가슴 뛰는 삶을 사는 것,

사랑을 실천하는 것,

자아를 실현하는 것,

본성을 살리는 것,

진정한 내가 되는 것,

나만의 길을 가는 것,

이 말들이 다 같은 말이다.

주어진 것을 잘 쓰면 보람 있는 삶, 생기 있는 삶, 창조적인 삶, 열정적인 삶, 몰입하는 삶, 우연인 듯 무엇인가의 도움을 받는 삶을 살게 되고, 따라서 특정 분야의 일인자 내지는 전문가 또는 달인(達人, 숙련인)이 되고, 부(富)와 풍요는 그 부산물로 주어지며, 그 결과 '더불어 잘 사는 행복한 부자'로 떠밀려 오르게 된다.

'더불어 잘사는 행복한 부자'는 보은하고 섬기고 봉사하는 행위로 재물을 받고, 받은 재물을 쓰는 것으로써 보은하고 섬기고 봉사하는 행위를 이어간다.

살아가는 것, 그 자체가 곧 보은하고 섬기고 봉사하는 것이 된다.

이 모든 것이 가능한 기본은 '그 무엇'과 소통하며 '그 무엇'의 인도를 따라가기 때문이다.

우리가 이 세상에 태어난 것이 우리의 의지가 아니었고,

태어나 보니 이 세상이 이미 '그 무엇'에 의해 펼쳐져 있었다.
이 세상과 우리가 '그 무엇'의 표현이라고 보인다.
꼭 '더불어 잘사는 행복한 부자'로 살기 위해서만이 아니라, 근본적으로 '그 무엇'의 인도를 따라가야 할 개연성과 당위성이 여기에 있다.

필자 후기

저자라는 말 대신에 필자라고 했다.
내 삶도 이 책도 '그 무엇'의 작품이라는 생각이 그렇게 만든 것이다.

이제 누가 '부자 되세요' 하고 인사하면 '저는 이미 부자인데요'라고 말해야 한다. 그리고 더 이상 '부자 되세요'라고 화답할 것이 아니다. '모두 이미 부자'라는 사실을 이야기해 줘야 한다. 무슨 말인지 못 알아들으면 이 책을 한번 읽어 보라고 권할 일이다.

이미 부자임을 인식하고 부자로 사는 것이 바로 부자 되는 길이라는 사실이 참으로 절묘하지 않은가!

처음부터 부자로 되는 길이 따로 존재하지 않았다.
길 위에서 길을 묻는다는 불가의 말이 바로 이 말이었다.
없는 길을 찾아 헤맸으니 참으로 허망하다.
이제 그 허망함에 종지부를 찍는다.

일단 이 경지에 이르면 모든 길이 부자 되는 길로 통한다.
이것에 대해서는 별도로 다음 책에서 이야기하고자 한다.

무한한 부를 소유할 수는 없다.

그러나 무한한 부를 누리는 방법은 있다.

필요한 때에 필요한 부가 들어오면 된다.

필자는 바로 이렇게 무한한 부를 누리는 방법을 말했다고 생각한다.

이제 새로운 고민이 생겼다고 여길지도 모르겠다.

부자로서 주어진 삶과 부를 잘 쓰기 위해 어떻게 그 무엇의 인도를 잘 받아들일 것인가에 대한 고민.

그러나 그것은 고민할 것이 아니다.

'그 무엇'이 나를 어디로 이끄는지 호기심 어린 눈길을 보내면 된다.

흥미롭게 지켜보는 관찰의 삶, 그런 삶이 펼쳐진 것이다.

멋있고 재미있는 한 편의 영화를 보는 것 같은 삶이다.

부록

나의 자산 리스트

기본

이 세상
이 세상에 태어난 것
주어진 시간
내 몸을 관장하는 섭리인 생명 활동, 본능
생명력
사랑하고 사랑받는 능력
내부 인도자, 그의 지혜
유일한 존재로서의 무한한 가치
자연법칙

나

나의 DNA, 진화할 수 있는 능력
나의 몸

나의 두뇌

마음

영혼(내부 인도자를 인지하고 내부 인도자와 소통할 수 있는 능력, 즉 기도할 수 있는 능력)

나의 재능

나의 적성

나의 개성

정보의 보고인 잠재의식

직관력

추리력

상상력

설득력

대화할 수 있는 능력(말하는 능력, 듣는 능력)

보는 능력

읽고 이해할 수 있는 능력

기억력

쓸 수 있는 능력

걷고 뛸 수 있는 능력

배울 수 있는 능력

가르칠 수 있는 능력

냄새를 맡을 수 있는 능력

맛을 볼 수 있는 능력

촉각력

집중할 수 있는 힘

호흡 조절 능력

객관적 시각, 다양한 시각으로 볼 수 있는 힘

미소지을 수 있는 능력, 웃을 수 있는 힘

위로할 수 있는 능력

축복할 수 있는 능력

나를 둘러싸고 있는 자연

공기

바람

물

태양

지구

눈송이

비

하늘

구름

산

바다

호수

아름다운 꽃

채소

과일
곡식
식물
동물
곤충
일출
저녁 놀

나의 환경

조상님
부모님
배우자, 가족
스승님
선배
친구들
후배
이웃
국가
직장
내가 속한 모임
모임의 회원들

받아 누렸던 것

감명 깊게 읽은 책
감명 깊게 본 영화
지금까지 사는 동안 번 돈, 재물
지금까지 사는 동안 쓴 돈, 재물
지금까지 사는 동안 먹은 음식
지금까지 사는 동안 입은 옷
지금까지 사는 동안 머물던 집
지금까지 사는 동안 겪은 경험

누리고 있는 것

옷, 양말
먹을 것, 내가 좋아하는 음식, 식당
잠잘 수 있는 곳, 집
청소 도구
전기, 가전제품
개인 컴퓨터
노트북 PC
인터넷
스마트폰
좋아하는 음악, 노래, 가수

각종 게임

오락 시설

가지고 있는 돈, 경제적 자산

자동차

애완 동물

내가 즐기는 취미

내가 즐기는 운동

커피, 커피 향, 각종 차(Tea)

책상

의자

내 방

내 사무실

시계

연필, 볼펜 등 필기구

병원, 약국, 한의원, 한약방, 약, 한약

건강 보조 식품

책꽂이와 거기 꽂혀 있는 책

내가 알아챈 진리, 법칙

내가 터득한 방법, 비결, 노하우

경력

학력